通膨.美元.貨幣
的一課經濟學

對總體經濟的影響

What You Should Know About Inflation

暢銷書《一課經濟學》作者

亨利・赫茲利特（Henry Hazlitt）——著   高翠霜——譯

經濟趨勢 34

通膨、美元、貨幣的一課經濟學
對總體經濟的影響

作　　　者	亨利·赫茲利特（Henry Hazlitt）
譯　　　者	高翠霜
責 任 編 輯	林博華
行 銷 業 務	劉順眾、顏宏紋、李君宜

總　編　輯	林博華
發　行　人	涂玉雲
出　　版	經濟新潮社

104台北市民生東路二段141號5樓
電話：(02)2500-7696　傳真：(02)2500-1955
經濟新潮社部落格：http://ecocite.pixnet.net

發　　行　英屬蓋曼群島商家庭傳媒股份有限公司城邦分公司
台北市中山區民生東路二段141號11樓
客服服務專線：02-25007718；25007719
24小時傳真專線：02-25001990；25001991
服務時間：週一至週五上午09:30-12:00；下午13:30-17:00
劃撥帳號：19863813；戶名：書虫股份有限公司
讀者服務信箱：service@readingclub.com.tw

香港發行所　城邦（香港）出版集團有限公司
香港灣仔駱克道193號東超商業中心1樓
電話：25086231　傳真：25789337
E-mail: hkcite@biznetvigator.com

馬新發行所　城邦（馬新）出版集團 Cite(M) Sdn. Bhd. (458372 U)
41, Jalan Radin Anum, Bandar Baru Sri Petaling,
57000 Kuala Lumpur, Malaysia.
電話：(603) 90563833　傳真：(603) 90576622
E-mail: services@cite.my

印　　刷	一展彩色製版有限公司
初 版 一 刷	2009年5月7日
二 版 一 刷	2022年10月6日

城邦讀書花園
www.cite.com.tw

ISBN：978-626-7195-03-1　　　　　版權所有·翻印必究

定價：350元　　　　　Printed in Taiwan

〈出版緣起〉
我們在商業性、全球化的世界中生活

經濟新潮社編輯部

　　跨入二十一世紀，放眼這個世界，不能不感到這是「全球化」及「商業力量無遠弗屆」的時代。隨著資訊科技的進步、網路的普及，我們可以輕鬆地和認識或不認識的朋友交流；同時，企業巨人在我們日常生活中所扮演的角色，也是日益重要，甚至不可或缺。

　　在這樣的背景下，我們可以說，無論是企業或個人，都面臨了巨大的挑戰與無限的機會。

　　本著「以人為本位，在商業性、全球化的世界中生活」為宗旨，我們成立了「經濟新潮社」，以探索未來的經營管理、經濟趨勢、投資理財為目標，使讀者能更快掌握時代的脈動，抓住最新的趨勢，並在全球化的世界裏，過更人性的生活。

之所以選擇「經營管理─經濟趨勢─投資理財」為主要目標，其實包含了我們的關注：「經營管理」是企業體（或非營利組織）的成長與永續之道；「投資理財」是個人的安身之道；而「經濟趨勢」則是會影響這兩者的變數。綜合來看，可以涵蓋我們所關注的「個人生活」和「組織生活」這兩個面向。

　　這也可以說明我們命名為「經濟新潮」的緣由──因為經濟狀況變化萬千，最終還是群眾心理的反映，離不開「人」的因素；這也是我們「以人為本位」的初衷。

　　手機廣告裏有一句名言：「科技始終來自人性。」我們倒期待「商業始終來自人性」，並努力在往後的編輯與出版的過程中實踐。

目次

都是貨幣過多惹的禍——

徹底了解「通貨膨脹」的終南捷徑

吳惠林

　　蔣介石領導的國民政府為何會在1949年退守台灣？被共產黨戲耍固然是主因，但當時神州大陸嚴重的「通貨膨脹」（由1美元兌4.25億當地貨幣的事實可知一斑），以致民生凋敝，更是世人共認的要因。當時還對囤積、惜售的業者施以嚴刑峻罰、甚至處以當場槍斃的極刑。可見國民政府也知道事態的嚴重性，也想辦法制止，但終究徒勞無功。國民政府退守台灣之後，對通貨膨脹的禍害牢記在心，而「新台幣」的發行可以為證。那是1949年6月中，「四萬元換1元」的新台幣開始發行，因為二次世界大戰結束國民政府接管台灣，但國共內戰更殷，台灣物資被強運中國接濟國民黨軍，中國經濟面臨崩潰，更連累台灣。當時的物價指數已是終戰時的七千倍。（見李筱峰，〈週年啟示錄〉，《自由時報》，2009.4.19）

通貨膨脹危害世人罄竹難書

其實，類似通貨膨脹大禍害的經驗，在人類歷史上到處都有，在1976年諾貝爾經濟學獎得主、已故的自由經濟大師弗利曼（M. Friedman, 1912~2006）膾炙人口的著作《選擇的自由》（*Free to Choose*）一書第9章中就這樣寫著：「通貨膨脹是一種病，一種危險，有時會致命的病。這種病如果不及時治療，將摧毀一個社會。相關的例子俯拾皆是。一次世界大戰後的俄羅斯和德國發生惡性通貨膨脹（hyperinflation）——有時才隔一天，物價就上漲一倍或一倍以上——結果是其中一個國家走上共產主義，另一個國家走向納粹主義。二次世界大戰後中國爆發惡性通貨膨脹，有助於毛澤東擊敗蔣介石。1954年巴西的通貨膨脹率高到一年約100%，導致軍政府上台。更為嚴重的通貨膨脹，使得智利的阿言德（Allende）1973年遭到推翻，阿根廷的依莎貝兒·裴隆（Isabel Perón）1976年下台，兩國接著都由軍事執政團掌權。」

不過，儘管史跡斑斑，為何總難得到教訓，而讓悲劇一再重演？弗利曼說的好：「沒有一個政府願意接受造成通貨膨脹的責任，即使為害不是那麼大也一樣。政府官員總是找理由來搪塞——企業家貪得無厭、工會獅子大開口、消費者

揮霍無度、阿拉伯酋長見錢眼開、天候惡劣，或者八竿子打不著的其他任何理由。沒錯，企業家十分貪婪，工會的要求不嫌多，消費者不知節制，阿拉伯酋長把油價調高，天氣經常奇差無比。所有這些，會推高個別商品的價位，卻不能使各種商品的價格普遍上揚。它們能促使通貨膨脹率短暫上升或下跌，卻不能製造持續性的通貨膨脹，理由很簡單：上面這些被指稱的禍首，無一擁有印鈔機，沒辦法印出讓我們放在錢包裏的那些紙；無一可以合法授權記帳員在帳簿記下相當於那些紙的數字。」

通貨膨脹是一種貨幣現象

　　弗利曼於是說：「現代世界中，通貨膨脹是印鈔機現象。認清嚴重的通貨膨脹不論何時何地都是一種貨幣現象，只是了解通貨膨脹成因和對策的起步而已。更為基本的問題是：為什麼現代政府會使貨幣數量增加得太快？既然知道通貨膨脹為害的潛力，它們為什麼要製造通貨膨脹？」

　　弗利曼的《選擇的自由》是1979年出版的，他對通貨膨脹的詮釋，其實早在1960年就由享利・赫茲利特（Henry Hazlitt, 1894~1993）提出，比弗利曼足足早了二十年，而弗

利曼只用一章的篇幅，赫茲利特卻用了一本書來解說，就是這本《通膨、美元、貨幣的一課經濟學》（*What You Should Know About Inflation*）。赫茲利特被稱為美國20世紀最重要的經濟專欄作家，散播自由經濟理念給一般大眾，曾任職《華爾街日報》、《紐約郵報》，又為《紐約時報》撰寫經濟社論，1946年到1966年在《新聞週刊》開闢名為「商業浪潮」固定專欄，教育數百萬讀者了解經濟學的入門知識，以及自由經濟的觀念。就在寫專欄期間，時常收到讀者來信詢問，如何獲知有關通貨膨脹的原因及對策的「簡短」說明，也有人希望他提供有關個人應該遵循怎樣的途徑，以防止其儲蓄的購買力受到進一步的侵蝕。為回應讀者們的需求，乃有本書的出現。

這本書只有大約兩百頁的篇幅，竟然包括了44章之多，可見每章之「言簡意賅」，也顯現出赫茲利特「通俗化、簡化」的苦心，因為通貨膨脹很重要，看似簡單，其實難以說清，更不容易「真懂」。我們耳熟能詳的「太多的錢追逐太少的商品」，以及上文所引述的「通貨膨脹是一種貨幣現象」，固然一針見血，但幾乎每個人都希望「錢多多」，也幾乎對政府的各種撒錢政策拍手贊成。2009年初台灣的「消費券」發放，各國政府在金融海嘯、經濟衰退、景氣低迷之

際，一而再地「印鈔救市」似乎都被認為是德政，就彰顯出歷史從來沒讓人得到教訓。其關鍵就是通貨膨脹的觀念不被理解，甚至被扭曲，或者被有心人誤導讓某些人獲利、但傷害大多數人。

不要讓通貨膨脹出現

赫茲利特的這本書抽絲剝繭、鉅細靡遺，以生活中的實際例子將通貨膨脹的來龍去脈，循序漸進剖析。告訴人們工資和物價、生產成本的上漲，甚至循環、螺旋式的上漲，都是貨幣過多的結果，也告訴我們通貨膨脹的發生有人得利、有人受害，於是存有「政治操作」空間。更遺憾的是，人往往具有「貨幣幻覺」，以為貨幣增多之後所得、工資果真增加，卻對貨幣增加導致物價高漲後知後覺，等到發現時已無法擺脫，必須承受。他也告訴我們，一旦不幸出現通貨膨脹，一定要趕快制止，不可存有「緩慢通貨膨脹是好的」之幻想。

這本書其實傳達了一個老掉牙的觀念——「預防勝於治療」，對通貨膨脹更要有此認知，應謹記通貨膨脹沒有解決良方，有的話只有一個，就是「不要有通貨膨脹！」。赫茲

利特非常認同「金本位制度」，因為它能限制通貨和信用的膨脹，而通貨是交易媒介，其內涵是「信用」。當今政府發行貨幣、控制貨幣，本來就不可能「確切」得知該印行多少數量，更何況存在有政治操作！要求政府嚴控貨幣數量，勿讓貨幣濫發、釀禍，戛戛乎何其難哉！無怪乎赫茲利特堅持以黃金作準備才可有效限制。

不過，要回復金本位制，在1960年代都不可能了，遑論21世紀的現在！所以，我們必須接受各國政府負責印製鈔票的現實，而後設法嚴密監督政府破壞信用、濫發鈔票，以免時常遭受通貨膨脹夢魘。

如何有效監督政府濫印鈔票？全民具備有關的「通貨膨脹」和「貨幣為何物」的正確基本觀念是先決條件，那麼，向本書取經是最有效、最便利、最節省的終南捷徑！

（本文作者為中華經濟研究院研究員）

第二版前言

這本書是在1960年首次出版。這個第二版，更新了主要的統計資料及圖表。然而，有些舊的數據及統計資料已經可以完整表達所涉及的特定原理或內容時，則予以保留。

亨利、赫茲利特

1964年7月

前言

　　幾年來我一直為《新聞週刊》（*Newsweek*）撰寫每週的「商業浪潮」（Business Tides）專欄，常常收到讀者來信問到何處可以獲得有關通貨膨脹的原因及對策的簡短說明。還有人請我提供建議，有關個人應該遵循怎樣的途徑以防止其儲蓄的購買力受到進一步的侵蝕。這本書就是為了回應這些需求而設計的。

　　本書中大部分的素材都曾出現在我近年的《新聞週刊》專欄文章中，但是統計數據及參考文獻都已全部更新，為了使我的說明能更完全、完整，我也加入了新的資料。

　　我刻意使這本書盡量簡短，但是讀者若對某些附帶的問題沒有興趣，只希望有個大略性的了解的話，可以只看前六章，或是最後一章〈通貨膨脹入門〉，這章將前面的討論中最重要的部分做了總結。

這本書裏有些重複的地方，但是我不會為此道歉。因為在討論這個主題時，基本的肇因老是被忽略掉，而基本原理也老是被遺忘，因此，有必要很有耐性地不斷重申，直到大家終於了解這些肇因和原理，並依此行動。

亨利・赫茲利特

1960 年 7 月

第1章

何謂「通貨膨脹」？

現今沒有一個主題像「通貨膨脹」（inflation）這樣，受到世人這麼多的討論，而大眾對它的了解卻又是這麼的少。在華府的政治人物談起通貨膨脹，彷彿它是憑空而降的災難，就像是洪水、外國入侵或是瘟疫，是他們無法控制的。而他們承諾會「奮戰」，只要國會或人民能授予他們「武器」或「強力的法律」去做這件工作。

然而，通貨膨脹實際上正是我們政治領導人的貨幣政策或財政政策所造成的。他們承諾要以右手對抗的，正是他們左手所帶來的後果。

在任何時空環境，通貨膨脹主要都是貨幣及信用供給增加所造成的。事實上，通貨膨脹就是貨幣及信用供給的增加。如果你去查辭典，例如《美國大學辭典》（*American College Dictionary*），你會發現通貨膨脹的第一個定義是：

「一國**貨幣**（currency）不適當地擴張或增加，特別是以發行無法兌換回金銀幣的紙幣形式來增加。」

然而最近幾年，這個名詞已經有了截然不同的意思。也就是《美國大學辭典》裏的第二個定義：「肇因於紙鈔或是銀行信用不適當的擴張，所導致的物價大幅上漲。」但是，因貨幣供給擴張而造成的物價上漲，與貨幣供給的擴張本身，顯然並非同一件事。「通貨膨脹」這個名詞有兩個相當不同的意義，衍生了無止盡的混淆。

「通貨膨脹」這個名詞最初僅用在貨幣的數量上，它的意義就是貨幣數量被「吹脹」（inflated）、「膨風」、「過分擴張」了。堅持這個名詞應該只用在原來的意思，並不是純粹學術上的堅持，而是因為我們若用「通貨膨脹」一詞來表示「物價上漲」，我們對它真實原因及真正對策的注意力就會被轉移開了。

我們來探究一下，在通貨膨脹時會發生什麼情況，以及為何會發生這些情況。當貨幣供給增加，大家會有比較多的「錢」可以用來買東西。如果物品的供給沒有增加，或是沒有貨幣增加得多，那麼物品的價格就會上漲。因為錢變多了，每一塊錢就變得沒有以前那麼有價值了。因此，要買一雙鞋或是一袋麵粉，就必須比以前多花一些錢才能買到。

「價格」是一塊錢與一單位物品之間的**交換比率**（譯注：用白話說，就是一單位物品要花多少錢的意思）。當大家有了更多錢，每一塊錢在大家心目中的價值就會降低了。因此，物品的價格上漲，不是因為它變得比較稀少，而是因為錢變得比較多。

在過去，政府是用縮小硬幣或是對硬幣減料的方式來膨脹貨幣供給。後來他們發現有更便宜而快速的方法，就是鑄模印製紙鈔。這就是為什麼會出現1789年法國的「指券」（French assignats，譯注：1789-1796年法國革命政府以沒收之土地為擔保所發行之紙幣），以及美國獨立戰爭期間所流通的貨幣。而今天所用的方法則沒有那麼直接，我們的政府發售債券或其他形式的借條給銀行，然後銀行就在帳面上創造「存款」讓政府可以提領。之後呢，銀行可以將政府的借條賣給聯邦準備銀行，聯邦準備銀行則創造存款信用或是印製聯邦紙鈔，支付給這些銀行。貨幣（錢）就是這樣製造出來的。

美國「貨幣供給」（money supply）的最大一部分，並不是日常交易的流通貨幣，而是用支票提領的銀行存款。因此，大多數經濟學家在計算貨幣供給時，除了在銀行外流通的貨幣之外，還會把活期存款也計算在內（現在也常計入定

期存款）。以這種方式計算的貨幣及信用總額，在1939年底為633億美元，1963年底為3,088億美元，這段期間貨幣供給增加了388%，也因而導致同一期間躉售物價（wholesale prices）上漲了138%。

第2章

通貨膨脹的要件

　　將貨幣數量的增加視為通貨膨脹的唯一罪魁禍首，常常被認為是「過分簡化」。確實如此。我們還必須記住一些通貨膨脹的要件。

　　例如，「貨幣供給」必須包含日常交易的流通貨幣（現金），以及銀行信用（可提領做為現金者），尤其是在美國境內，大多數的付款都是以支票為之。

　　還有另一個過分簡化的說法，就是認為每一塊錢的價值，完全依**目前**流通在外的現金供給量而定。其實，**預期**未來的現金供給量也有影響。例如，如果大多數人害怕一年後現金的供給量會比現在多很多，那麼金錢的現在價值（以購買力來衡量），就會比這種恐慌不存在時的現在價值來得低。

　　再來，任何貨幣單位（例如美元）的價值，不光是決定於美元的「數量」，也受到美元「品質」的影響。舉例而

言，當一個國家脫離了金本位制度，意味著突然之間，黃金或是提領黃金的權利，實際上就變成一張紙了。這時貨幣單位的價值通常會立刻下跌，即便貨幣供給並沒有任何增加。這是因為人們對黃金比較有信心，多過他們相信政府貨幣管理官員的承諾或是判斷。事實上，任何國家在脫離金本位制度後，幾乎都會馬上更進一步增加銀行信用以及印製紙鈔，我們在紀錄上很難找到任何例外。

簡而言之，貨幣價值的變動，基本上和任何商品價值變動的原因是相同的。一袋麵粉的價值，不只是決定於目前麵粉的總供給量，也取決於預期未來的供給量和麵粉的品質。就和麵粉一樣，一塊錢的價值也是決定於類似這些的考量。貨幣的價值，正如物品的價值，不是單單決定於機械式或物理式的關係，主要還是受到心理因素的影響，而心理因素往往是相當複雜的。

在處理通貨膨脹的原因和對策方面，了解真正的複雜情形是一回事，但被不必要或不存在的複雜問題混淆或是誤導又是另一回事。

例如，常常有人說貨幣的價值不只決定於貨幣的數量，也取決於貨幣的「流通速度」（velocity of circulation）。然而「流通速度」增加，並不是貨幣價值進一步下跌的原因；

其本身就是害怕貨幣價值將會下跌的一個結果（或換個方式說，是相信物品價格將要上漲所產生的一個結果），就是這樣的信念，使得人們更急切地想要將貨幣換成物品。有些作者對於「流通速度」的強調，正是以含糊的機械式理由取代真實心理因素的另一個例子。

這裏還有另一個形同死胡同的例子：在回應那些指出「通貨膨脹主要是貨幣及信用擴增所造成」的人的時候，常有人會爭辯說，物品價格的上漲常常發生在貨幣供給增加之前。這的確是事實，這也是韓戰爆發後立刻發生的情況。因為害怕戰略物資將會變得稀少，使得那些物資的價格開始飆漲。投機者及製造商開始購買、囤積戰略物資，以獲取利益或是確保庫存量。但是要做這些事，他們必須跟銀行借貸更多錢。物價上漲伴隨著的是銀行借貸及存款同樣顯著的增加。自1950年5月31日到1951年5月31日一年之間，全國的銀行貸款增加了120億美元。如果沒有這些增加的貸款，就不會有因應貸款而增加發行的新錢（到1951年1月底增加了60億美元），而物價也將無法持續上漲。簡而言之，物價要能上漲，必須貨幣供給增加才有可能。

第 3 章

有關通貨膨脹常見的謬誤

有關通貨膨脹的謬誤中最頑固的一項，就是假設通貨膨脹並非肇因於貨幣數量的增加，而是因「物資短缺」造成的。

物價上漲（我們已經討論過，不應該認為就是通貨膨脹），會因貨幣數量增加，或是因物品短缺所造成——或是兩個原因一起造成。例如：麵粉價格上漲，可能是因為貨幣供給增加，或是小麥作物歉收。但是我們很少發現，物價全面性的上漲，是因物品全面性短缺所造成。然而，認為「通貨膨脹是因物品短缺所造成」的這項謬誤，卻是如此頑強。在1923年的德國，物價上漲了數十萬倍，德國的政府高層及數百萬的德國人，將整個物價飆漲事件怪罪於全面性的「物資短缺」——儘管當時的情況是，外國人用黃金或本國貨幣到德國去購物，因為德國物資的價格較其本國類似物資的價

格來得低。

　　美國從1939年以降的物價上漲，一直被歸罪於「物資短缺」。然而官方統計資料顯示，1959年美國的工業生產較1939年時增加177%，高了快兩倍。因此並沒有很好的解釋可以說明，戰時的物價上漲是因為民用物資匱乏所致。即便是戰爭期間民用物資真的有某種程度的匱乏，但如果政府對民間所得所課徵的稅率，與戰備需求所徵用的民用物資的比率相同的話，則物價將不會大幅上漲。

　　這將我們帶往另一個造成混淆的源頭。人們常常會談到的，彷彿預算赤字（budget deficit）本身就是通貨膨脹的必要及充分原因。然而預算赤字，如果完全靠發售政府公債，然後是由真正的儲蓄金購買的，就不必然會造成通貨膨脹。另一方面，即使預算有盈餘，也不保證能對抗通貨膨脹。這可以由1951年6月底結束的那個會計年度資料看出，當時雖有35億美元的預算盈餘，通貨膨脹仍是相當龐大。同樣的狀況亦發生在有預算盈餘的1956和1957年會計年度。簡而言之，預算赤字只有造成貨幣供給增加的部分，才具有通貨膨脹的傾向。而如果貨幣供給有增加，即使有預算盈餘，也會發生通貨膨脹。

　　同樣的因果關係鏈，也適用於所有被稱作「會造成通膨

的壓力」——尤其是所謂「工資一物價螺旋上升」（wage-price spiral）。如果工資上升之前、或同時、或緊接著之後，並沒有貨幣供給增加，則工資上升超過「均衡水準」，並不會造成通貨膨脹，只會造成失業。而物價上漲，但是人們口袋裏的現金沒有增加，就只會造成銷售量滑落。簡言之，工資和物價的上漲通常是通貨膨脹的「結果」。它們只會在其迫使貨幣供給增加的範圍，造成通貨膨脹。

第4章

二十年期間的紀錄

　　本章的這個圖表，是自1939年底到1959年底，對於這二十年間生活成本的增加、躉售物價、及銀行存款加流通貨幣總量的增加做個比較。

　　以1939年底為基期，數值設為100，這個表顯示出1959年的生活成本（消費者物價）較1939年增加了113%，躉售物價（wholesale prices）增加了136%，而銀行存款及流通貨幣的供給增加了270%。

　　躉售物價及消費者物價上漲的最基本原因，在於貨幣及信用供給的增加。當時並不存在「物品短缺」問題。正如我們在前一章中注意到的，這二十年間的工業生產成長了177%。雖然工業生產幾乎成長了二倍，但是貨幣及信用供給卻幾乎成長了三倍。如果工業生產沒有成長的話，則物價的上漲將會比目前看到的高更多。

如上一章所提過的，物價上漲也不能歸咎於工資要求增加（亦即「成本推升」）。這樣的論調，是顛倒了因果。「成本」也是一種價格——原物料及服務的價格——其上漲的原因和其他物價上漲的原因是相同的。

如果我們將這個圖表延伸到 24 年期間——也就是到 1963 年底——將會顯示出，以 1939 年為基期，生活成本增加了 124%，躉售物價上升了 136%，而在同一段期間，銀行存款及流通貨幣的總供給增加了 360%。

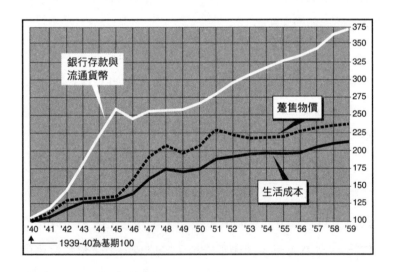

第5章

錯誤的對策：價格管制

　　若是我們被通貨膨脹原因的錯誤理論所蠱惑，我們就會因錯誤對策而受害。例如，那些將通貨膨脹的主要原因歸於「物資短缺」的人，就會喜歡主張「通貨膨脹的解答在生產」。但是這最多也只有一半是真的。如果貨幣供給增加的速度比生產增加的速度還要快，物價是不可能降下來的。

　　通貨膨脹的錯誤對策中，最糟糕的就是價格管制及凍結工資。如果外面有更多的金錢在流通，此時將價格壓抑住，那麼大多數的人會有許多閒置的現金等著買東西。最後的結果，除非生產也隨之增加，否則物價就非漲不可。

　　價格管制的做法有兩大類：「選擇性」和「全面性」。「選擇性」價格管制，是政府只對一些策略性戰爭物資或是一些生活必需品，進行價格抑制。但是這會造成生產這些物資的毛利，低於去生產其他物資（包括奢侈品）的毛利。因

此「選擇性」價格管制，會使得政府迫切希望能增產的那些物資，反而很快就「短缺」了。然後官方就會轉而採用「全面性」凍結物價。針對戰爭的情況，他們就會談到要將物價及工資維持或是回到戰爭爆發前一天的水準。但是那一天的物價水準，及價格和工資間極其複雜的互動關係，是那一天的供給與需求狀況的結果。即使是同樣的商品，即使貨幣供給沒有太大變化，供給與需求也很少有兩天是一樣的。

曾有人保守估計過，美國國內有900多萬種不同的價格。根據這項估計，這些價格可以有超過40兆種的互動關係；一項價格發生變化會對整個價格網絡造成影響。在大家未預期到的大戰爆發前一天，當天的價格及各種價格間的關係，是以鼓勵和平時期商品的最大均衡產出粗略估算的。以那些價格和價格間的關係，來鼓勵戰時物資的最大生產，很明顯是錯誤的。尤有甚者，特定某一天的價格型態，一定有誤判及「不公平」隱藏其中。沒有任何一個人或是政府行政機構，有足夠的智慧及知識可以修正這些錯誤。每次政府嘗試要「修正」一項價格或不當的工資調整或是「不公平」，總是創造出一堆新的錯誤。而且在衡量特定案例的經濟「不公平」時，也沒有一個明確的標準，能獲得全部人的同意。

簡單地說，強制性的價格管制可能會成為無法解決的問

題，即使負責人是該國擁有最佳資訊的經濟學家、統計學家、企業家，以及即使他們是以公正無私、本於良知來從事這項行為。但是現實上，他們就是會受限於有組織的壓力團體所施加的巨大壓力。掌權的人很快就會發現價格及工資管制，是施予政治好處或是處罰反對勢力的最有力武器。這就解釋了為什麼農產品價格有「平價」公式（"parity" formulas），工資有「伸縮條款」（escalator clauses），而工業產品的價格及房屋租金卻受到處罰。

價格管制的另一項邪惡之處在於，雖然總是以所謂「緊急」之名施行，卻創造出非常大的利益及心理上的慣性，而總是延長實施，或是有永久實施的傾向。著名的案例有租金管制及匯率管制。價格管制是走向完全管制經濟或計畫經濟的重大一步。它會導致人們認為政府應該干預每一項經濟交易。

但是從通貨膨脹的立場來看，最終以及最糟的情況是價格管制轉移了注意力，使得大家忽視了通貨膨脹唯一的真正原因──貨幣及信用數量的增加。而由於弄錯了病因，因此也延長及惡化了通貨膨脹。

第6章

通貨膨脹的對策

通貨膨脹的對策，如同大多數問題的對策，主要在於除去其肇因。通貨膨脹的肇因是貨幣及信用的增加。對策即在於停止貨幣及信用的增加。簡單來說，通貨膨脹的解決方法就是停止膨脹，就是這麼簡單。

雖然原則上很簡單，但這項對策常常涉及複雜以及難以取得共識的細節。我們就從聯邦預算開始說起，連年不斷的龐大預算赤字，幾乎不可能避免通貨膨脹的發生。這樣的赤字幾乎可以確定都必須以擴張性的（inflationary）措施來支應——也就是用直接或間接印鈔票的方式。龐大的政府支出本身並非擴張性的，只要這些支出完全是由租稅收入來支應，或是完全從實質儲蓄中借貸來的錢，就不是擴張性的。但是這樣的支付方式有其困難，一旦政府支出超過某個程度，困難太大，無可避免只好用印鈔票來支應了。

再來，龐大的支出若完全由高額租稅來負擔，雖然不必然會是擴張性的，仍難免會減少及擾亂生產活動，以及破壞自由企業體制。因此，政府龐大支出的補救方法不是以同樣高的租稅來因應，而是停止不計後果的亂花錢。

　　就貨幣面而言，財政部及聯邦準備體系必須停止創造人為的廉價貨幣；也就是，他們必須停止專斷地壓低利率。聯邦準備銀行不能再用過去的政策以面值買回政府發行的債券。以人為的方式壓低利率，就會鼓勵借貸行為，這將會導致貨幣及信用供給的增加。這個過程是雙向進行的——因為必須增加貨幣及信用供給，才能使利率維持在人為的低水準。這就是為什麼「廉價貨幣」（cheap money）政策及政府債券支持（government-bond-support）政策都代表同樣一件事。當聯邦準備銀行以面值買下利率2.5%的政府債券時，就使得長期基本利率維持在2.5%的水準。而他們實際上是以印鈔票的方式來支付這些債券的。這就是所謂的公共債務「貨幣化」（monetizing）。只要這樣的事不斷發生，通貨膨脹就會持續下去。（譯注：政府債券的票面利率與市場的利率會不一樣，若現在市場利率較高，那麼債券的價格就會低於其發行面值〔債券的市價與市場利率有反向的關係〕，而央行為了壓低利率，進行公開市場操作，以高於市價的面值買

回債券，就會拉高債券價格，這就是以人為方式壓低利率。）

聯邦準備體系如果決定要停止通貨膨脹，並擔負起責任，就應該避免壓低利率和貨幣化公共債務的做法。實際上，它應該回歸傳統，也就是中央銀行的重貼現率（discount rate），通常來說（尤其在通貨膨脹期間）應該是「懲罰性」利率，也就是高於會員銀行本身的放款利率。

國會應該將聯邦準備銀行的法定準備率回復到先前的35%到40%的水準，而不是現在的25%，這是1945年戰時施行的「緊急」措施的水準。稍後，我將會討論其他防範貨幣及信用供給不當增加的方法。但是我應該先在此陳述我的信念，就是這個世界將無法從目前的通貨膨脹年代中自行脫困，除非回歸到金本位制度。金本位制度對於內部信用擴張，提供了一套很實際的自動檢查機制。這就是為什麼執政當局要放棄金本位制度的原因。金本位制度除了可以做為防範通貨膨脹的安全守衛，它還曾是提供全世界相當於國際貨幣的唯一制度。

今天我們要問的第一個問題，不是如何阻止通貨膨脹，而是我們到底要不要這樣做？通貨膨脹所帶來的效果之一，是財富及所得的重分配。在通貨膨脹的初期階段（在大舉扭曲及破壞生產活動之前），有某些人會因他人的犧牲而獲

利。獲利的那群人由持續的通貨膨脹中獲取既得利益。而太多人活在我們能打敗通膨的錯覺中，以為我們能夠讓自己所得增加的速度快過生活成本上漲的速度。所以對抗通貨膨脹的吶喊聲中，有著太多的偽善存在。許多人實際上吶喊的是：「除了我以外，壓低所有其他人的價格和所得。」

政府在這股偽善風潮中是最壞的侵略者。在他們聲稱要「和通貨膨脹奮戰」的同時，卻同時採行所謂的「充分就業」（full employment）政策。《倫敦經濟學人》（*London Economist*）曾刊載一位通貨膨脹擁護者的說法：「任何充分就業政策，十分之九都具有通貨膨脹性質。」

這個人忘了說的是，通貨膨脹最後的結局必然是經濟危機與衰退，還有比衰退本身更糟的可能是誤導大眾，使大家錯以為衰退是因「資本主義」本身的缺陷所造成，而不是因為先前的通貨膨脹造成的。

總而言之，通貨膨脹是貨幣及銀行信用的量相對於商品數量增加了，它是有害的，因為它使得貨幣單位的價值下貶，提高了每個人的生活成本，實際上就是對最窮的一群人課徵了與最有錢的人一樣高的租稅稅率（還沒有扣除額呢），它摧毀了過去積蓄的價值，嚇退了未來儲蓄的意願，恣意地重分配財富與所得，鼓勵並獎賞投資以及賭博行為，

犧牲掉節儉及工作的努力，破壞人們對自由企業體系公正性的信心，並且腐化了公眾及個人道德紀律。

　　但這並不是無法避免的，如果我們有心要做，我們永遠可以在一夕之間遏阻它。

第7章

通貨膨脹的兩個面向

我必須沉痛地說，一般而言，美國大眾不但不了解通貨膨脹真正的原因以及因應對策，也看不出有團結對抗通膨的作為。大家對於通貨膨脹的情感是困惑又矛盾的。這是因為通貨膨脹就和傑尼斯（Janus，古代羅馬的兩面神）一樣，有著兩張臉。我們會歡迎它或是害怕它，端視我們看到的是哪一張臉。或者，用另一個方式來說，我們每個人看待通貨膨脹的態度，都會有時是《化身博士》書中的善人傑奇醫生（Dr. Jekyll），有時又是惡人海德先生（Mr. Hyde），完全看當時它對我們的個人利益造成什麼樣的影響。

這一切都生動地展露在1947年杜魯門總統國會臨時會期的演說中。他宣稱「我們的通貨膨脹已經達到拉警報的程度了，更要警覺的是，情況是愈來愈糟」。然而他一下子很自豪地指出通貨膨脹的結果，下一刻又加以譴責。他對於通貨

膨脹受到大眾歡迎的那些結果，宣稱是自己的功勞，而對大家不喜歡的結果，則怪罪在政治對手身上。和我們這些普通人一樣，總統也希望他的鞋子外面看起來小一點，裏面穿起來大一些。

很明顯地，每個人都討厭高物價，而高收入則是每個人都想得到的。然而，高物價和高收入是同一件事的兩個不同面向。相同數目的生產量下，如果你能提高物價水準兩倍，那就是國民所得增加了兩倍。1947年7月杜魯門總統吹噓說，美國已經超越先前的紀錄，國民生產毛額（GNP）達到2,250億美元。他其實是在吹噓美國人較高的貨幣所得總額，而這項總額是較高的價格乘以生產量算出來的。

在他「反通膨」的咨文中，杜魯門先生一下子說「以真實的購買力來說，個人的稅後平均所得自1929年以來已經增加了39%。」但是很不一致的是，稍後他又問到如何「讓生活成本與人們的所得維持合理的關係」。然而，如果實際上人們的所得已經上升得比生活成本快那麼多，個人應該可以比過去多買將近40%的商品，那麼1947年所謂的通貨膨脹「緊急」狀況又是什麼意思呢？

杜魯門先生又抱怨說「房租在上漲，速度大約是每個月上漲1%」，而這樣的漲價使得家庭預算承擔了「無法忍受的

壓力」。但是，工廠的勞工平均週薪自1939年以來已經上升了112%，而房租只上漲了9%，實際上一般勞工所付出的租金，其占所得的比重，與戰前相比是小得多了。

杜魯門先生又說：「價格膨脹的嚴峻後果，感受最強烈的人是薪資所得者、農夫以及做生意的人。」很明顯地，這段話所指的並非他們自己價格的膨脹，而是指別人的價格。這裏所說的價格，並不是他們自己的產品或服務所獲得的價格，而是他們必須支付給其他人提供的商品或服務的價格，這就是此處所指的「嚴峻」。

通貨膨脹真正邪惡之處，在於其恣意地進行財富與所得的重分配，不顧不同的團體及個人對生產活動的貢獻程度。所有那些從通貨膨脹獲得利益的人，必然是以其他人為代價，而其他人就是那些因通貨膨脹而蒙受損失的人。而且因通貨膨脹而獲利最大的人，通常也是最大聲嚷嚷說是通膨最大受害者的人。通貨膨脹是一面滑稽的哈哈鏡，透過它每件事都混淆不清、扭曲變形且失焦，因此很少人還能看出事實的真正比例。

第8章

何謂「貨幣管理」

　　自二次世界大戰結束以來，幾乎每個國家的人民都被告知金本位制度（gold standard）是過時的制度，必須代之以由專家來管理的「貨幣管理」制度。如果我們對這個結果加以注意觀察，會發現許多有趣的事實。

　　當1949年9月18日英國財政大臣史塔福・克利普斯（Stafford Cripps）宣布英鎊將貶值時，邱吉爾（Sir Winston Churchill，編按：1940-45年，1951-55年擔任英國首相）即指出，克利普斯先前曾經不下九次否認貶值的可能性。當天合眾社快速羅列出九次那樣的場合。而我不經意地又找到另外三次──1948年9月22及28日，還有1949年4月30日。將這三次併入合眾社的表列中來看，我們得到下列的否認紀錄：

1948年1月26日——「英國政府沒有考慮緊接著法朗貶值後改變英鎊的價值」。

1948年3月4日——報載英鎊計畫要貶值是「全然胡說」。

1948年5月6日——「政府並不打算進行英鎊貶值計畫」。

1948年9月22日——「英鎊將不會貶值」。

1948年9月28日——政府「不知所謂」英鎊貶值之事，貶值會造成「進口價格上升及出口價格下跌，而這與我們要達成的目標正好相反」。

1948年10月5日——「貶值是不適當的，而在目前的情形下也是不可能的」。

1948年12月31日——「在任何情況下大家都不必害怕我們的貨幣會貶值」。

1949年4月30日——「改變英鎊的匯率是不必要且不會發生的事」。

1949年6月28日——「美國並未對我施壓要英鎊貶值」。

1949年7月6日——「政府完全沒有打算要讓英鎊貶值」。

1949年7月14日——「在與施耐得（Snyder）及亞伯特（Abbott）的會議中並未建議英磅貶值，而我也是希望這樣」。

1949年9月6日——「我會堅持我（7月14日）在下議院所

說的話」。

簡而言之，史塔福至少有十二次很斷然地否認他會讓英鎊貶值，但他還是讓英鎊貶值了。大家為他找的理由是，他本來就不能在事前承認有這樣的打算，因為這樣一來就沒有人會以4.03美元的匯率持有英鎊。這樣的「辯解」等於是說，除非政府說謊，否則是無法成功地騙過英國商品的買家及英鎊的持有人。

「貶值」是什麼意思呢？它就是承認破產的意思。宣告本來是保證價值4.03美元的債務，現在實際上只值2.80美元，這是在告訴你的債權人，他們的債權只有過去價值的七成而已。

如果是個人宣告破產，會被視為是這個人的恥辱。但是政府這樣做，卻表現得好像是成功地做了聰明的一擊。美國政府在1933年的作為就是如此，瀟灑地拒絕履行原先美元可以兌換黃金的承諾。此處節錄《倫敦銀行家雜誌》（*London Bankers' Magazine*）對於英國政府1949年英鎊貶值行動的敘述：「處理這些事務的政治手段已然使盡，包括事前對所有匯率再評估的概念都做費勁的、嚴厲的否認。堅持這樣做不會有效，並對這種行動可能帶來的危險發出警示。當這件不

可能發生的事卻真的發生後，還拍拍大眾的背，恭喜大家碰上了多年來最幸運的事。」

這就是三十多年來政府一直在做的事。這就是「貨幣管理」真正的意涵。在實務上，它只是貨幣持續貶值的委婉說法而已。它包括不斷說謊以支持不斷的欺騙。人們被迫接受這種出於狡詐的貨幣管理，而不能擁有以黃金為基礎的當然貨幣。人們無法擁有貴金屬，而有的是一些紙鈔，其價值隨著執政者的奇想而隨時會貶值。還保證說只有那些絕望、過時的人，才會夢想要回到真實、誠實、具償債能力的黃金的時代。

第9章

黃金跟著自由走

大家是否想要回到真正的金本位制度，或是說何時、在什麼樣的條件下、以什麼樣的兌換率、要採取什麼樣的步驟，這些都是極端複雜的問題。但是，1949年11月當時紐約市全國銀行行政委員會主席藍道夫·伯吉斯（W. Randolph Burgess），在美國銀行家協會（American Bankers Association）所做的演講，對此議題有極佳的貢獻，我僅摘錄部分如下：

「歷史上要避免政治性的花費對貨幣價值造成損害，最好的方式之一就是金本位制度——隨時可以將貨幣兌換成黃金。這是在政治人物身上套上控制的韁繩。因為擴張性支出會導致黃金流失，或因出口，或因個人不信任政府政策而提領黃金。這是對信用擴張的一種自動設限……」

「現代的經濟計畫官員當然不會喜歡金本位制度，因為

它限制了他們的權力……我深信世界會以某些形式回歸到金本位制度，因為太多國家的人民已經學到了他們需要防止政治領導人的過度行為。……」

「今日在美國有一群人要求立刻回復到完全的金本位制度，目前只有外國政府及其中央銀行可以將其持有的美元轉換成黃金。這些人要求的，是讓美國人民能擁有持有黃金的相同權利。原則上，我相信這些人是對的，雖然我認為他們提出要求的時機不對，且過分強調立即的好處……」

「在回復金本位之前，有些基礎工作要透過政府政策來做，像是預算、信用及價格政策等。如果在基礎完成之前，強迫推動回復黃金支付，那所釋出的黃金可能會被囤積起來，成為投機的工具而已。」

「黃金支付只是建立健全貨幣制度的一部分，就某種意義而言是拱門的頂石……」

這段陳述中最偉大的精神在於，它不僅體認到回歸真正金本位制度的核心重要性，同時也考慮到我們過去和現在的錯誤及罪惡所造成的巨大困難。

金本位制度之所以那麼重要，不只因為它是獨立的衡量單位，而且也是因為它是整個經濟體系的整合要件。正如「管理」紙幣制度會伴隨著國家主義（statist）和集體主義

（collectivist）哲學、政府「計畫」、強制經濟，在這樣的經濟體制下，人民受執政者恣意控制；而金本位制度是自由企業經濟的整合要件，在這樣的經濟體制下，政府尊重私人產權、節約支出、平衡預算、遵守承諾，以及不會對貨幣或信用的過分擴張視而不見。除非我們的政府準備好完全回到這個制度，並且其作為亦足以證明這項意圖，否則在那之前，試圖強迫它採行真正的黃金基準是沒有意義的。因為那樣只會在做了幾個月之後又撤退而已。而且如同過去一樣，會招來大眾責備的將會是金本位制度本身，而不是摧毀這項制度的不當執行。

在前一章我引用史塔福的惡劣紀錄，這不是人身批評，而是因為這是「管理」紙幣制度下很典型的案例。因為在負責管理人民金錢的政治人物當中，史塔福不是最低劣的一類，而是最高貴的一類。對數百萬人而言，他一直是政治上正直及勇氣的表徵。正如十四世紀英國偉大詩人喬叟（Geoffrey Chaucer）所問：「如果黃金都銹蝕了，那鐵又將如何呢？」

這句話提醒了我們，真正的黃金是不會銹蝕的。做為貨幣的基準，黃金可能有一或兩項不符合理論家理想中的完美，但是它比政治人物的保證更有份量，且能維持更久。

第 10 章

都是紙鈔惹的禍

在1949年美國銀行家協會之前，時任紐約聯邦準備銀行總裁的亞倫·史鮑爾（Allan Sproul）有一篇演講，對於官方的政策有令人驚訝的揭露。

史鮑爾說道：「在黃金兌換這項爭端上，我不覺得有道德問題牽涉其中。」讓我們來看看是否真的無關道德問題。在1933年之前，美國政府保證會以一定重量和成色的黃金，來支付公債的利息和本金。同時也向紙幣的持有人保證，每一張紙幣都可以隨時兌換成一定重量和成色的黃金。結果政府違背了這項神聖的諾言，從名正言順的持有人手上拿走了他們的黃金。使得人們的黃金擁有權變成違法，除了政府自己以外。

現在我們的貨幣管理者告訴我們，我們是多麼幸運終於能夠在國內有了紙幣制度，一種無法兌換黃金的紙幣制度。

史鮑爾高唱讚美頌頌揚紙鈔：「我們使用紙鈔，而紙鈔具有廣為大眾接受的特性。」他忘了加上一句話——價值不斷下跌。根據商務部的統計資料顯示，以躉售物價衡量，1949年美元紙鈔的購買力只有1935-39年時的52%，而到了1962年，只剩43%。

史鮑爾為紙幣搖旗吶喊：「我們貨幣的健全性並不是靠國內黃金的可兌換性，而是靠美國經濟的偉大生產力……」那些還記得紙幣膨脹的災難歷史的人，必定會對此話大打寒顫。讓我們來聽聽1791年安德魯‧懷特（Andrew D. White）在法國議會為指券（assignats，譯注：1789-96年法國革命政府以沒收之土地為擔保所發行之紙幣）所做的辯護演說，「什麼都不必怕；你們的錢有健全可靠的擔保。」接著頌揚法國人民的愛國主義，他堅定地說，這必能帶領國家度過所有的困難。

至於在國內無法兌換黃金一事，史鮑爾辯護的核心是認定行政部門是可以信賴，但人民是不可信任的。這是說，只要你容許人們可以把鈔票換成黃金，那人民總是會在不對的時候去兌換——也就是說，正當政府最尷尬的時候去兌換；換言之，就是當政府縱容膨脹式擴張，發行超過其能承兌的貨幣數量的時候。

史鮑爾說：「回復以金幣做為流通貨幣的訴求，其主要的論點似乎是對貨幣管理者的不信任，及對政府財政政策的不信任。」他說的再正確不過了。但他未能看見的是，這樣的不信任是長久以來造成的。除了史塔福的惡劣紀錄外，我們需要再提醒自己，有超過三十國的政府立刻跟著英國政府這樣做。他們以一紙命令，在一夕之間消減掉其國民手上的紙幣的價值。

　　然而，面對這項幾乎是全面性的貶值做法（且不提美國自 1933 年以來的通貨膨脹壞紀錄），史鮑爾還可以認真地談到將一切交給他所謂的「適任且負責的人」。史塔福在解釋他的貶值做法時說道：「即使我們當時有打算在未來調整匯率，不過事實上我們並沒有這樣的打算，沒有任何一位負責任的部長會承認有這樣的打算。」在此，出現了官方的定義。一位「適任且負責的」貨幣管理者，不但是在關係人民未來錢財的事情上欺騙人民，而且甚至認為欺騙人民是他的職責所在。

　　史鮑爾的貨幣理論可以總結為：要對貨幣管理者有信心，而他們是過去老把你當傻瓜的人。

第11章

通貨膨脹與高「成本」

在前面章節中我提出，通貨膨脹不論發生在何時或何地，主要都是因為貨幣及信用供給增加造成的。

這項說法，並不特殊也不是我的原創。實際上它很符合「傳統的」理論，有充分的理論、經驗及統計數據的支持。

但是這個簡單的解釋卻受到相當大的抗拒。政治人物拒絕接受或是故意忽略它，因為它將通貨膨脹的責任直接就歸咎於他們的政策。而學術圈的經濟學家也沒幾個能幫得上忙。大部分的學者都將目前的通貨膨脹歸咎於複雜及各種各樣的因素和「壓力」。勞工領袖們則籠統地將通貨膨脹怪罪於廠商的「貪婪」及「過高的利潤」。大多數的生意人也同樣急切地想撇清責任。零售業者將高價格的罪過怪在大盤商的強索高價，大盤商則怪罪製造商，而製造商則說是原物料供應商和勞工的成本太高。

這樣的看法普遍流傳。很少製造商學過貨幣銀行學，對大多數的製造商而言，流通貨幣和銀行存款的總供給量是相當抽象的名詞，且與他們的直接經驗太有距離，不易理解。就有人寫信告訴我：「造成價格上漲的就是成本。」

此人似乎不了解「成本」只是價格的另一個名字。勞動分工所造成的結果之一，就是每個人的價格都會成為別人的成本，反之亦然。生鐵的價格就是鋼鐵業者的成本。鋼鐵業者的價格就是汽車製造商的成本。汽車製造商的價格就是醫生或是計程車行的成本。以此類推。幾乎所有的成本，最終都會分解進入薪水或工資當中。但是週薪或是每小時工資，就是我們大多數人提供服務（勞務）的價格。

通貨膨脹，就是貨幣供給的增加，降低了貨幣單位的價值。換個方式來說，它提高了價格和「成本」。而「成本」不必然會立刻隨著價格上升而上漲。火腿的價格可能會在豬隻漲價前上漲，而豬隻也可能會比玉米先漲價。所以，過去李嘉圖學派（Ricardian）經濟學家說價格是由生產成本決定，這是錯誤的結論。說生產成本由價格來決定也同樣會是對的。因為養豬業者從豬隻身上獲得的價格，決定養豬業者能出得起的玉米成本。

短期而言，價格和成本兩者都是由供需關係決定的──

當然也包括貨幣和商品的供給。長期而言，價格確實有等於邊際生產成本（marginal cost of production）的傾向。這是因為，雖然一項產品已有的成本不能決定其價格，但是現在的成本或預期的成本，則將會決定其生產量。

如果大家對於這樣的關聯有較佳的理解，就不會有那麼多專欄作家將通貨膨脹歸責於所謂的「工資—物價螺旋上升」了。工資推升（超過「均衡」水準）並不會導致通貨膨脹，但是會導致失業增加。當然，工資成長要靠貨幣供給增加才能支撐，因此工資推升會因為這樣的關係（還有無所不在的政治壓力），間接導致更高的通貨膨脹。但這畢竟是因為貨幣供給增加造成通貨膨脹的。我們必須清楚理解這一點，才可能知道要如何阻止通貨膨脹。

第 12 章

通貨膨脹是好事嗎？

已故的哈佛大學經濟學教授桑納‧斯利克特（Sumner H. Slichter）是一位清晰、有能力且具高度影響力的作家。他在最後幾年的寫作，有深具啟發性的貢獻，可惜不是在貨幣及通貨膨脹的領域。我舉他在 1952 年 8 月號《哈潑雜誌》（*Harper's Magazine*）上的文章為例，標題為〈通貨膨脹有多糟？〉（How Bad Is Inflation?）。事實上，這篇文章濃縮了所有過去出現過的謬誤，為過去兩個世紀的通貨膨脹辯護。

一開始，斯利克特教授即對著名經濟學者所組成的美國大會（American Assembly）的通貨膨脹報告之結論，駁斥為「沒有判斷力且幾近歇斯底里」。大會的結論是「通貨膨脹對於美國經濟的安定及整個西方世界的安全，是持續且嚴重的威脅。」這樣的判斷不是歇斯底里，而是很嚴謹的。

反而是斯利克特本身令人驚訝地缺乏判斷力。他不只認

為政府很輕易就能計畫及控制「緩慢的價格上升」；他還真的相信「極端」通貨膨脹「不容易開始」。我們很有興趣了解他對於「極端」通貨膨脹的定義，以及他認為什麼才是「困難」。德國膨脹到馬克只剩原先兆分之一的價值。國民政府時代的中國膨脹到1美元兌換4.25億當地貨幣。大英帝國在《哈潑》那篇文章出版的當時，物價是二次大戰前的三倍；阿根廷（它可沒有戰爭的藉口可用）的物價則為5到8倍；法國，超過25倍；義大利，超過50倍。這些國家中，沒有任何一個國家覺得要讓通貨膨脹繼續下去是困難的事，但大多數國家都發現要阻止通貨膨脹，在政治上幾乎是不可能的。

斯利克特的說理，從頭到尾都是建立在一些無法證明或不具確實根據的假設上。其中一項假設是，上升的物價對經濟繁榮是必要的。這個說法早就被一大堆的歷史經驗所推翻了。舉例而言，美國1925年到1929年的經濟大繁榮時，物價水準可是下跌的。斯利克特似乎不記得衰退主要是因為先前通貨膨脹崩潰所造成。

斯利克特似乎也不了解通貨膨脹是如何在很短時間內施展魔力。通貨膨脹只有在物價比成本（主要是工資）上升得快的時候才可能有繁榮。預期毛利會回復或是增加，就有可能會增加生產及雇用員工。但是這樣的連動關係會止於一旦

勞工也加入了這場遊戲，工資及其他成本開始上升的速度快過於物價。宣揚永久性通貨膨脹（「持續緩慢的」通貨膨脹）的那些人，就是相信可以永久把勞工當傻瓜的那些人。

斯利克特在他的文章中並未解釋，以什麼樣的過程可以產生「緩慢」永久的物價上漲——是一年2%或是3%？他不了解為什麼至今沒有一個國家在通貨膨脹一旦開始之後，能夠成功地控制通貨膨脹。他忘了政府無法事先告訴人民，政府打算要欺騙他們。政府無法規畫物價「逐漸」上升，因為如果人民知道明天物價將會上漲3%，他們馬上就會搶購，使得物價上漲到接近3%。如果放貸的人知道今天別人要跟他們借的錢，其購買力在一年內將降低3%，他們就會在原先所要求的利率之上再加3%，因此，如果他們原先是要求5%的利率，現在他們就會要求8%。

最令人驚訝的是，斯利克特主張以持續性的通貨膨脹來「對抗」共產主義。可能有人會將他與已故的凱因斯一個世代以前所寫的文章相對照：「據說列寧曾宣稱，摧毀資本主義制度最好的方式是破壞貨幣的價值。列寧確實是對的。這個過程包括了破壞經濟定律所有隱藏的力量，而且百萬人之中難得有一個能夠診斷出來。」

而，斯利克特並非具有診斷力的那個人。

第13章

為何要回歸金本位制度？

　　五十年前每一位知名的經濟學家事實上都支持金本位制度。金本位制度的大多數優點都受到明確的肯定。其中一項是國際化。幾乎每個主要國家的貨幣單位都是以特定重量的黃金作定義（例如在1934年以前，美元的定義為23.22喱〔grains〕的純金），每一個這種貨幣單位與其他國家同類貨幣單位具有固定的換算關係。每個握有這種貨幣的人在需要時，都可以用這樣的換算比例，兌換到其他國家這類的貨幣。事實上這個結果就是國際貨幣制度，黃金就是國際交易的媒介。

　　這個國際性的黃金標準，是對抗政治人物及行政官僚在貨幣上動手腳的主要防衛機制。也是對抗國內通貨膨脹的主要防衛機制。當信用膨脹真的發生時，會產生一連串立即的後果。國內物價上漲，因而會有利進口，不利於出口。貿易

帳（或是國際收支帳）會「不利於」發生膨脹的國家。黃金就會開始外流。這將會對以黃金為準備的銀行信用造成緊縮，因而使通貨膨脹停下來。

事實上，這個結果反應鏈通常會比較短、比較快，而且比較直接。只要外國的銀行家及外匯交易員開始懷疑某一國有通貨膨脹的疑慮時，該國的匯率就會下跌到「低於黃金標準」的程度。黃金就會開始外流。黃金流失國的央行管理者就會提高重貼現率。結果不只國內的信用擴張會停止，也能從國外獲得資金，那些想要獲取較高利息的國外借款人就會將資金匯到這個國家。黃金的外流就會停止或是逆轉。

因此，只要能夠堅定地維持金本位制度，這整套的相關好處便一定會發生。隨便干預本國貨幣或是任何超過溫和通膨的舉措都將是無效的。只要隨時可以將貨幣兌換成黃金，人們就會隨時都有信心。不健全的貨幣或是經濟政策，或甚至想要提出不健全的政策，就會立刻在匯率或是黃金的移動上反映出來。因此，不健全的政策或是政策提案必須立刻加以節制或放棄。

因為與其他國家的貨幣之間有固定且可靠的匯率，以及可以自由兌換黃金，國際貿易、借貸及投資就可以自由進行並且是有信心地進行。國際金本位最終將能為可以貿易的商

品，像是麵粉、咖啡、糖、棉花、羊毛、鉛、銅、銀等，建立一致的世界價格（除非是因運輸成本或關稅所造成的差異）。

大家流行一種說法，說在大災難發生時（例如戰爭），金本位制度就會「崩潰」。但是這應該僅限於人民害怕敵人入侵、佔領及沒收他們的黃金，除此之外，這並非正確的看法。實際上，金本位制度並非「崩潰」，而是被蓄意放棄或破壞。一個國家的人民在這類危機中，真正害怕的是他們自己的貨幣管理者所製造的通貨膨脹，或是他們自己的行政官僚來沒收他們的黃金。這樣的通貨膨脹或是沒收，在戰爭時期並非「不可避免」，而是政策的結果。

簡而言之，國際金本位制度的優點，正是全球的貨幣管理者及行政官僚所不喜歡的。當他們覺得適合膨脹的時候，不希望受到阻撓。他們不要國內經濟及物價與世界經濟及物價綁在一起。他們要的是能自由操控國內的價格水準。他們要追求的是純粹的國家主義政策（以其他國家為代價），他們所說的「國際化」只是欺騙而已。

第 14 章

黃金代表誠信

放棄金本位制度最能讓我們看清楚其實我們多麼需要金本位制度。自從英國在 1931 年，美國在 1933 年陸續放棄金本位制度以來，無論在戰時或是在和平時期，世界已經掉入了紙鈔及無止盡通膨的深淵。

雖然每個地方發生的通貨膨脹都被歸罪於「戰爭」，但在未捲入戰爭的國家（例如拉丁美洲）也發生通貨膨脹，而且戰後還持續惡化。通膨的間接指數——薑售物價在美國從 1945 年起已經上升了 73%，而在英國則上升了 115%，在法國為 810%（原書注：直至 1960 年初引進「重法朗」〔heavy franc〕之前，以 100 舊法朗價值計算）。這個結果在各地主要都是因為紙鈔供給增加所造成。

貨幣管理者喜歡告訴我們他們已經以「負責任的貨幣管理」制度取代金本位制度。但是歷史上並未出現過負責任的

紙鈔管理。我們可能零星見到有短暫的紙鈔穩定期間，但是這樣的期間都是不穩的、時間很短的。以整個紀錄來看則都是超級通貨膨脹（hyperinflation）、貶值、貨幣災難。對於紙鈔管理的正直性而言，我們只需回憶史塔福的紀錄，他在1949年9月18日英鎊貶值之前的兩年期間，對於貶值的可能性，公開否認了不下12次。

這就是沒有金本位約束的貨幣管理制度下發生的事。金本位制度不但有助於確保好的政策及好的信用，它本身的延續性或是回復性也需要好政策及好信用。讓我重複一下在第9章中指出的要點：金本位做為單獨的制度顯不出其重要性，其重要性在於它是完整的經濟體制中不可缺少的一部分。就如同「管理」紙鈔制度是伴隨著國家主義及集體主義哲學、政府的「計畫」、人民需仰賴官僚恩惠的高壓式經濟，金本位制度則是自由企業經濟不可或缺的一部分，在這樣的體制中，政府尊重私有財產、節約支出、平衡預算、遵守承諾，最重要的是不會對通貨膨脹視而不見，也就是不會過度擴張貨幣或信用。

所以，如果美國政府決定回到完全的金本位制度（實際上也應該這麼做），第一步必須要讓通貨膨脹停止下來。不做這開頭的一步，任何要回歸金本位的企圖都必定會瓦解。

而到時大眾責怪的很可能不是通貨膨脹，而會是金本位本身。

然而，到底要如何停止通貨膨脹？經濟學家米塞斯（Ludwig von Mises）一直以來都主張貨幣及銀行信用數量絕不可超過大眾存款的數量。雖然基本上這是應該要有的結果，但是我認為，如果我們所採取的方法是根據自己的最佳實務（best practices）和過去的傳統，而最後得到這樣的結果，在政治上接受度將會更高。因此我建議應以下列四種方法來達到停止通貨膨脹的目標：

1. 開始平衡預算。

2. 不要讓銀行體系以固定利率去購買並限定住政府債券利率，或是將銀行體系當作是新發行的短期政府債券的垃圾場。（實際上，和平時期的規則可能是不允許銀行體系持有政府債券的淨總量有所增加。）

3. 堅持聯邦準備銀行應該將重貼現率當作是會員銀行借款的懲罰，而不是讓他們從中獲利。這表示重貼現率應該要維持在高於優良借款人在大都市銀行貸款的利率。

4. 聯邦準備銀行在一段合理的期間內，將法定存款準備

率（legal reserve requirements）從1945年「戰時緊急狀況」的25%（或是從改革時較低的黃金準備率水準）回復到40%。國會能提出自己對抗通貨膨脹的方法中沒有比這個更有效的了。

第 15 章

黃金值多少？

　　假設回歸完全的金本位制度是大家都想要的，甚至是必須的，我們要以什麼方式回歸呢？還有，美元與黃金精確的比率，也就是黃金到底應該值多少錢？這些難題即使在積極主張要回歸金本位的少數經濟學者間也產生不同的意見。

　　例如，有個團體主張我們可以也應該立刻回歸到完全的金本位制度，以目前一盎司黃金35美元的價格計算。他們會做出這樣的主張，是認為我們已經有了在這個兌換比率下有限度的金本位制度（至少外國央行可以每盎司35美元向我們買賣黃金）；即使是做為幾個月的過渡步驟，我們也不應暫停這有限度的金本位制度；為了良好的信用及穩定著想，應該「不再竄改」這個比率；在這個兌換率之下，我們應該有足夠多的黃金準備，可以讓目前流通在外的紙鈔及存款能夠兌換。

然而，這些說法是基於一些有爭議的假設。的確有些很表面的比較結果，似乎是支持這些論調。1933年初美國貨幣供給（銀行定期存款及活期存款加上流通在外的貨幣）為449億美元，而美國的黃金庫存（以過去每盎司20.67美元的兌換率計算）為42億美元，為美國貨幣供給的9.4%。而到了1963年底，美國流通在外的貨幣供給為2,650億美元，黃金庫存（以目前每盎司35美元計算）為156億美元，不到貨幣供給的6%。

　　因此，美國現在的黃金準備率比1933年來得低，而我們也是在1933年拋棄金本位制度的。

　　寫到這裏，我體認到，在那些特定時間特定地點所發生的黃金擠兌，至少有部分是因為謠言及媒體報導羅斯福政府打算中止黃金支付。然而，當時信用數量及商品價格與黃金的關係，使得我們的選項有放棄黃金（我們選了這條路）；或是貶值但仍堅持金本位（意即提高黃金官價）；或是繼續受苦於成長停滯及通貨緊縮。無論如何，1933年在中止黃金兌換之前的黃金擠兌，都表示在那時的條件下，當時的黃金準備實際上是不夠的，不足以維持人民的信心。

　　目前的黃金準備與過去的對照，必須要納入考量，尤其是世界的黃金供給與美國持有的黃金之間的相對比例變化情

形。1926年12月，美國持有全球（俄羅斯除外）貨幣性黃金供給的45%；1933年12月只剩33.6%。1953年則為60.8%，1959年底為48.3%。如果只有美國回歸金本位制度，可以想像，將會有一段時間美國都會持有不正常比例的黃金。但是如果其他國家在幾年內跟進的話（這可能是大家想要且可能發生的），他們很可能會吸引原先所占世界比例的黃金回流。眼前更重要的是：在1964年中，美國的黃金庫存為155億美元，根據美國的銀行申報資料，外國持有美國的短期債權已達到263億美元。而美國在國際收支帳上，仍呈現鉅額的赤字。

那些認為我們能夠以每盎司35美元的比率平安地回歸到完全的金本位制度的人，是基於假設黃金準備與流通貨幣之間有固定的「正常」比率，在任何情況下都完全安全。但是這是真正的錯誤所在。事實上，對於任何黃金準備不足100%的情況，這都不會是真的。在大眾仍然相信貨幣管理者有決心要維持金本位制度，仍然相信他們政策的慎重和智慧，在那樣的時期，黃金兌換只需要非常低的準備就可以維持。但是當大眾對於貨幣管理者的智慧、慎重、信用的信心都已經動搖的時候，要維持黃金兌換就需要遠高於「正常」水準的黃金準備。而今天大家對於各國貨幣管理者的智慧、

慎重及信用的信心早已蕩然無存。可能需要許多年的智慧、慎重、信用才能回復大眾的信心。在那之前，想以每盎司35美元的比率回復完全的金本位制度，很可能會導致恐慌性的黃金擠兌，而決定維持那個兌換率的做法可能會引爆嚴重的通貨緊縮。

第 16 章

美元與黃金的兌換率

　　金本位制度的支持者可以分為三大主要團體：（1）認為
美國可以用每盎司35美元順利回歸完全的金本位制度者；
（2）主張以較高的特定金價（例如是，每盎司70美元）回歸
到完全的金本位制度，這些人聲稱他們已經知道「正確」的
金價；（3）建議容許暫時的黃金自由市場，做為決定美元與
黃金最終兌換率的指導方針。

　　我已經討論過那些主張以每盎司35美元比率回歸金本位
制度的人的主要論點，以及我認為這些論點的一些缺點。而
那些主張將黃金的價格訂高一些，並聲稱已經知道價格應該
是多少的人，他們的結論通常是根據一些價格水準比較的結
果。例如，1932年是全年採用真正黃金基準的最後一年（每
盎司20.67美元），自那年到現在（1964年），躉售物價已經
上漲了182%。做這項主張的人認為，如果要回到完全的金

本位，黃金價格必須相對提高才能避免物價的崩跌，因此新的黃金價格應該是每盎司58美元。然而，黃金價格在1934年1月31日是設定在每盎司35美元，之後7年躉售物價平均只有目前水準的43%。如果我們假設在那7年（1934-1940年）當中，黃金價格35美元是「正確」的價格，那麼要維持目前的躉售物價水準，黃金價格應該要有82美元。

這種計算方式背後的假設，顯然具有不確定性。但是我們要以什麼樣的比率回歸完全金本位，卻非同小可，不容模稜。全球頂尖的貨幣經濟學家查爾斯‧瑞斯特（Charles Rist）在1934年4月號的《國際事務》（*Foreign Affairs*）一篇很有力的文章中主張，1929-1933年全球危機的主要原因之一，在於主要國家（包括美國）在紙幣通貨已經以鉅幅的倍數成長之後，仍試圖用戰前的兌換比率，維持或是回歸黃金兌換。

看看英國就會明白了。英國在第一次世界大戰（1914-1918年）時即已脫離金本位制度，英鎊價格由黃金相對價格的4.86美元跌到1920年2月時的3.18美元，直到1924年下半年又回到大約比黃金相對價格低10%。但是1924年英國的躉售物價仍較戰前水準高出70%。1925年，英國政府決定要以舊面值回歸金本位，結果造成之後的7年期間，躉售物價

持續下跌，從1925年1月的171.1（以1913年的物價水準為100），到英國放棄金本位制度的1931年9月跌到99.2。由於在那段期間英國人都不願在零售價格及工資水準上作相對的縮減，結果就是出口減少、經濟成長停滯以及失業大增。然而受到責怪的卻是金本位制度，而不是錯誤的兌換率（或是工資的無彈性）。

本質上，英國在1947年夏天又重蹈這個覆轍，當時他們嘗試以完全不符實際的一英鎊4.03美元的比率做為英鎊與美元的兌換率。這個實驗在幾個星期之內就崩潰了，此時英國人再次將崩潰怪罪於兌換政策本身，而不是錯誤的兌換率。

美國在嘗試回歸金本位制度時，不要高估紙幣（意即低估黃金的價值），也就是不要重蹈英國的覆轍，這一點非常重要，不只是對美國經濟的未來重要，對於世界的未來也很重要。一個暫時的黃金自由市場，可以在新兌換率應該是多少這方面，給我們較多的指引，勝過固執地堅持每盎司35美元或是根據假設性的前提計算出來的不可靠價格。

第 17 章

美鈔的教訓

　　通貨膨脹的後果中最糟糕的，就是它所造成的損害和不公義是無法修復的。這些後果無法靠通貨緊縮（deflation）糾正回來。通貨緊縮只會帶來自己的困境和不公義，而這些痛苦，落在先前通貨膨脹受害者或受益者身上的可能性是一樣的。例如，受到通貨膨脹侵蝕或削減的銀行存款、政府債券、保險給付的購買力，我們無法以通貨緊縮的方式來復原，因為通貨緊縮造成的失業或破產，很可能會落在那些通貨膨脹受害人身上。所以，當通貨膨脹超過某個程度之後，我們最多只能試著讓它穩定在一個新的水平。例如當通貨膨脹到達德國 1923 年的程度，或是今天（1964 年）法國的程度時，想要回到通貨膨脹前的水平是不可能的。

　　因此，在通貨膨脹超過了某個程度時，應該有何作為，成為實務上非常棘手的問題，已經沒有「正確的」或是令人

滿意的解決之道了。

我們已經看到英國1925年以舊的相對價格回歸金本位的例子了。但是仍有許多人相信美國在南北戰爭時期（1861-1865年）紙鈔膨脹之後，於1879年1月1日以戰前的相對價格回復黃金支付，是完全的成功。他們認為大家害怕黃金會外流，結果證明這樣的恐懼是沒有根據的。他們還將1879年的美國景氣復甦大部分的功勞，或甚至全部的功勞，都歸於回復到黃金支付制。

然而，仔細檢視1862年到1879年期間的通貨膨脹和通貨緊縮的整個過程，卻有另外的發現。在1862年美國政府發行不可兌換黃金的美鈔（greenbacks）之後，黃金在公開市場上立刻產生溢價，而商品價格也開始上漲。1864年美鈔的價格相對於黃金只剩下35%。從1860年到1865年歐洲的平均物價只上漲4-6%，美國的平均物價則上漲高達116%。

但是戰爭一結束，美國物價立刻開始下跌。剛開始這一點在政治上是很得民心的，因為過去工資上漲的速度一直趕不上生活成本上漲的速度。但是1866年之後工資已經趕上物價漲幅了，物價持續的下跌很快就開始造成破產和失業。最後就發生了1873年的大恐慌，一些經濟學家評估，「這使得美國的金融及商業結構幾近全毀」。大恐慌的成因非常複

雜，但可以肯定其中一個原因是，隨著商品價格持續下跌，美鈔價格上升到幾近戰前的相對價格。1873年底美鈔只比戰前相對價格低了15%，而躉售物價則下跌到只比戰前高30%。

1873年大恐慌的結果大大提高了通貨膨脹主義者的情緒。1875年1月7日通過的回復金本位法案（Resumption Act），是由敗選的共和黨國會所通過，反正他們已經沒得損失了。更諷刺的是，據經濟學家羅倫斯・羅林（J. Laurence Laughlin）所說，該法案「是在誤以為這是一項通貨膨脹措施的情形下通過的」，因為「從表面上看起來這像是擴張國內銀行流通量的法案」。

今天許多評論者認為，回復金本位法案中，將施行回復的確切日期延到1879年1月1日（法案通過日之後4年）是愚蠢且沒有必要的。然而，他們忘了一個重要的因素：要累積到足夠的黃金存量，讓人民有足夠的信心，在兌換日期到的時候不發生黃金擠兌，這是需要時間、技巧和決心的。他們還忘記了一件事，那就是要回復到原先的相對價格，還涉及美國商品價格必須更進一步的下跌（約30%），才能與全球金價一致。1875-1879年間真的發生了物價下跌，那整段期間是「節約及清算」期。例如，1878年的破產紀錄甚至遠

超過大恐慌的1873年。

今天許多評論者將1879年下半年的經濟復甦歸功於回復黃金兌換制度。但這樣的看法卻得不到事實的支持。經濟史學家亞歷山大・諾伊斯（Alexander D. Noyes）寫道：「在1879年初的幾個月內，美國主要的產業，幾乎沒有例外地，都陷入了完全的停滯。」而驟然逆轉此潮流的，是前所未有的巧合：歐洲突然遭逢多年來最慘的穀物欠收，而美國又正好碰到小麥豐收創新高。這意味著在那個時點，發生了空前的穀物價格高漲及穀物出口大增。

以上所述並不是主張美國在南北戰爭的美鈔膨脹之後，應該以較低的美元相對價格回歸金本位制度。而只是要指出我們對於所採取的路徑，必須付出昂貴的代價，即使當時的美國經濟遠比現在要來得有彈性，尤其是在工資方面。此時要回歸金本位制度，我們必須小心選擇不會造成通貨膨脹或嚴重緊縮的兌換率。

第18章

黑市的測試

可能有人會辯稱，1925年英國嘗試回歸舊的黃金對價造成的崩潰，或是美國南北戰爭後回歸黃金支付造成的經濟困境，與美國現在的問題都不相關。原因是：（1）我們實際上和其他國家的中央銀行已經以每盎司35美元的兌換率在進行交易了；（2）即使是黑市的黃金條塊，有時都還低於每盎司35美元。

這些論點有其分量，但並非決定性的。

關於第一個論點，我們可以指出美國有限度的每盎司35美元的金本位制度，只能在高度反常的世界局勢中維持，而這樣的反常局勢很難期待會永遠持續。實際上，如果這樣的反常繼續下去，最終將會是一場大災難。至於美國金本位能夠守得住這個價格，也是因為美國在26年來一直是黃金在世界上最不危險（least unsafe）的地方，而且也因為其他主要

國家膨脹得更多。所以這個情勢只要有一丁點的變化，就會很輕易地造成美國黃金外流。事實上，美國黃金庫存量自從1949年達到245億美元的高點之後，已有顯著的外流。

換言之，即使在美國嚴密的限制下，其他國家的貨幣作為愈好，要維持每盎司35美元也會愈來愈難。一旦美國及外國的個人、私人企業及私人金融家可以像外國的央行一樣，自由地以紙鈔兌換黃金，這個每盎司35美元的基準就可能會完全失守。事實上，當局現在正是利用這樣的疑慮，當作其禁止個人進行黃金兌換的正當理由。

至於第二個論點，在目前的情況（金幣仍然是溢價）下，我不相信黑市的黃金條塊有任何指標作用。在每盎司35美元的美國官方兌換率與黑市之間，存在太多可能的漏洞，使得官價主導並控制了黑市兌換率。（美國聯邦準備銀行曾提供大量黃金給英格蘭銀行，以協助英國壓低「自由」倫敦市場的價格。）

國際貨幣基金（International Monetary Fund）有超過一百個會員國。美國聯邦準備體系或是國際貨幣基金怎麼可能去監督或控管所有這些會員國？更不用說要如何監控個別的官員了？許多會員國是非常窮的，如果他們能夠從美國聯邦準備銀行以每盎司35美元的價格購入黃金，然後溢價出售

給國內的人民，那麼對他們國家的處境或是他們央行的處境將會大有助益。如果這類的事情繼續下去，即使只是幾個國家，仍表示有「套利」交易存在，這就會使得黑市與官方市場之間的價差變得很有限。

以上所述並不是指責，只是要說明，以前黑市金條的溢價現在已經不存在了，已經無法依靠黑市價格來做指標。事實上，南非的財政部長尼可拉斯・哈方加（Nicolaas C. Havenga）及已故的著名法國經濟學家查爾斯・瑞斯特（Charles Rist）都曾暗示，當黃金供給已經愈來愈充裕，各地黃金需求仍幾乎都受限於法規的限制與禁止，這就足以解釋為何黃金黑市溢價會消失。無論如何，如果因為黑市溢價不存在，就把目前官方的35美元價格視為是「正確」的或是可以持久的，這樣的推論是很不可靠的。

價格上這樣的巧合，當然不是持續禁止美國及世界黃金自由市場的有效論證。在完全的金本位制度下黃金自由市場不存在的原因，不是因為市場被禁止，而是因為每個人都可以用官方兌換率來買賣黃金，因此不需要自由市場。在完全金本位制度下，自由市場將無事可做、無目標可服務、無職務可履行。只有在紙鈔制度或部分金本位制度（美國1934年採行的那種）下，才需要自由市場。在現代大多數政府企圖

抑制黃金自由市場的時候，也正是需要自由市場的時候。因為它反映並衡量出大家對國內貨幣缺乏信心的程度，它也曝露出「官方」兌換率的虛假性。而這些都是為何需要自由市場的理由。

第 19 章

如何回歸金本位？

　　如果我們同意，以每盎司 35 美元的價位立即回歸完全金本位制度具有極大的潛在危險，那麼我們應該採取哪些步驟回歸金本位制度呢？我們應該以什麼樣的兌換率回歸金本位，如何決定美元與黃金的兌換率，也就是新的「金價」是由哪些因素決定的？

　　除非有很強烈的理由需要改變，否則美元與黃金的兌換率一旦決定了就不應該更改，這是大家深信的一般原則。這項原則確實適用於 1933 年之前每盎司黃金 20.67 美元的時期，因為那是真實的比率，任何人都可以用那樣的兌換率換到黃金。但是羅斯福總統及財長摩根索（Morgenthau）1934 年一時興起所訂的每盎司 35 美元兌換率，卻不是真正存在的兌換率。它只允許外國的央行（美國人民無此權利），能夠向美國聯邦準備銀行以每盎司 35 美元買到黃金，不過即使

是那些外國央行，也必須在特定的情形下才能獲得許可這樣做。目前的每盎司35美元黃金基準是裝飾好看用的，只是鍍金的基準。我們沒有理由將35美元這個數字當作神聖不可侵犯。

我們在尋找新的美元黃金兌換率時，目標應放在能夠長久維持黃金能夠兌換，以及不會帶來通貨膨脹或通貨緊縮，換言之，就是兌換率本身不會造成物價的上漲或下跌。

有些經濟學家以不具說服力的證據辯稱每盎司35美元就是正確的兌換率，還有些經濟學家宣稱有數學公式可以找出我們所要的兌換率，並基於這樣的基礎很有信心地主張每盎司70美元或是其他數字。由於他們自身的分歧，招來眾人的懷疑。價值和價格是無法以數學計算來設定的，而是透過在自由市場運作的供給和需求所決定的。

因為自我們脫離真正的金本位制度三十年來的龐大通貨膨脹，以及因為通貨膨脹、貨幣貶值以及放棄金本位制度等所帶來信心上的重大衝擊，所以我們必須測試大眾對於暫時性黃金自由市場的信心程度，這樣的市場也將對於我們可以保有的美元黃金新兌換率提供一個指引。

以下提出的回復金本位制度的時程表，主要是做為說明之用：

1. 行政部門立刻宣布其回復完全金本位制度的打算，並事先列好一系列步驟與施行日期。聯邦準備銀行及財政部暫時停止所有黃金的購買與銷售，只持有現有的黃金。在此步驟的同時，允許黃金自由市場運作。

2. 觀察這個自由市場並同時防止任何進一步的通貨膨脹，政府在一段時間（不超過一年）之內，宣布美元與黃金的兌換比率，準備以此兌換率進行兌換。

3. 從開放兌換日起六個月內，任何持有美元的人均可要求將美元兌換成金條，但是會有小小的折扣。換言之，他必須在新兌換率之外支付溢價，例如是訂為每個月0.5%。這樣做的目的是要分散初期的兌換需求，減少在開放兌換初期對黃金庫存的壓力。逐漸縮小金條的官方買賣價差，也可以達到同樣的目的。當然，黃金自由市場在這段期間會持續下去，如果可以用比官方溢價低的價格從這個自由市場取得黃金，那就不會動用到政府的黃金庫存了。

4. 在開放兌換六個月之後，全國將回歸到完全的金塊基準（gold-bullion standard）。將美元轉換為金條，或是反過來，將黃金轉換為美元，對所有的持有人開放，不再有折扣或是溢價，也沒有差別性做法。

5. 一年之後，於19XX年1月1日起，全國回歸到完全金幣基準（gold-coin standard），使用黃金鑄幣並且容許自由兌換。

完全的金幣基準是大家想要的，因為金塊基準只是有錢人的制度。較窮的人應該也能與有錢人一樣，防止通貨膨脹傷害到其所擁有的美元。回歸到完全金幣基準要分階段施行，理由是因為在信心未重建之前，可以防範黃金存量的突然流失。在南北戰爭之後，美國曾在回復金本位法案（Resumption Act）中將真正的施行日期延後到通過法案後四年，就是做到了這一點。

第20章

通貨膨脹論者的錯誤

　　在過去二十五年的通貨膨脹年代裏，每一年都有辯才無礙的個人或團體堅持主張我們實際上是處於衰退或通貨緊縮，或是快要發生衰退或通貨緊縮，或至少說我們的「經濟成長」速度不如那些通貨膨脹論者（inflationist）的計畫。

　　一個典型的例子是「國家計畫協會」（National Planning Association，這是一個國家主義者的團體，他們常常運作使其主張刊登於主要報章的首頁）1954年中的一篇「報告」。這篇報告宣稱，為了維持美國的經濟健全，未來十二個月的財貨及服務生產必須增加「至少250億美元」。我不了解，為什麼談到大家想要的未來，卻僅止於250億美元而已？

　　然而，這個主張是目前通貨膨脹論者很典型的錯誤，值得做一些分析。國家計畫協會堅信1953年中到1954年中的「衰退」主要是因為國防支出驟減造成的，因此，能將美國

從衰退的泥沼中拉出來的，就是提高國防支出。然而，這樣的判斷並無經濟理論或實際經驗上的支持。例如，1944會計年度聯邦政府花費950億美元，1947會計年度花費390億美元，在這三年間，聯邦政府的年度支出減少了560億美元。然而，這三年美國經濟絕非衰退，在就業、薪資及物價都有顯著的增加。

我還可以增加說明，在1954年中到1955年中，工業生產和就業有非常大幅的增加，雖然那個會計年度的聯邦政府總支出並未如國家計畫協會所建議的增加，而是減少了超過30億美元。

當時的觀察家也注意到了這個事實，1955年9月8日的《紐約時報》專欄，亞瑟・克羅克（Arthur Krock）即提出官方統計顯示美國民間支出正穩定地取代，實際上是超過，艾森豪政府在兩年期間預算上所減少的數目。以下為相關數據的比較表：

（單位：10億美元）

	1953年	1954年	1955年
國民生產毛額	369.3	357.6	384.8
政府採購的財貨與服務	61.0	48.6	45.2
其他支出	308.3	309.0	339.6

該表真正比較的是1953、1954及1955年的第二季，表中數字是經季節調整年度化後的數據。這些數字顯示出，1955年該季年度化後的政府支出，雖較1954年少了34億美元，並較1953年同季少了158億美元，1955年第二季的非政府部門經濟活動則比1954年同季年化後高出306億美元，以及較1953年同季年化後數字高出313億美元。

　　這些數字除了那些固執於錯誤觀點的人會覺得驚訝外，其實並不出人意料。然而，最近幾年我們發現企業「預測專家」一而再地陳述或假設，企業活動主要依賴政府的國防支出計畫。他們告訴我們，如果國防支出增加，企業活動及物價就會上升，但是如果國防支出減少，企業將惡化到什麼程度就很難說了。

　　這項假設將會導出一個荒謬的結論，就是如果讓愈多的資源投入建造飛機、航空母艦、潛艦、核彈及導彈，我們就會變得愈富有。的確，許多業餘的經濟學家至今仍未能避免這個結論，仍以專業的姿態告訴我們，我們很幸運有共產國家持續的威脅，因為如果這項威脅突然奇蹟似地不見了，我們的繁榮、「經濟成長」、完全就業，將會變成怎樣呢？照這個理論說來，共產國家每一次新的侵略行動，都是在經濟上幫了我們的忙。

這項謬誤在於只看政府國防支出，而忘記這些支出的錢最終是來自於稅收。如果國防支出突然從460億美元掉到160億美元，稅收也會減少300億美元。那麼與先前情況相比，納稅人將會多出300億美元可以花費，將可彌補政府支出減少的300億美元。沒有理由認為整體產出總量或經濟活動會因而下降。

如同我前面指出的，「國防支出對於經濟繁榮是必要的」這整套理論在二次大戰結束時受到壓倒性的反駁。1945年8月日本投降之後，與戰爭相關的合約立即全面解除。政府部門的經濟學家預測，失業人數在下個春季將達到800萬人。結果根本沒發生那樣的事。

總而言之，無論怎樣都沒有理由認為（即使在理論上），工資及就業主要應該仰賴國防支出或政府任何目的的支出。如果政府少花費100億美元在國防上，並且少課徵同樣金額的稅，那麼納稅人就會多了錢可以花費，多出的數量就等於政府少支出的數量。所以支出的總量是不變的。認為我們必須增加裝備武器上浪費的花費，理由不是為了防禦，而是為了「創造繁榮」，這實在是荒謬至極又愚蠢至極的理論。

只要考慮到通貨膨脹效果，那麼真正重要的不是國防支

出或政府總支出的數量，而是赤字（deficit）規模，甚至更直接的，是新貨幣供給的數量。即使是國家計畫協會的報告，其中似乎也願意接受國內公共工程或甚至減稅所造成的赤字。文中甚至認可民間工廠及設備現代化可以有助於創造就業。但是著墨不夠的一項事實是，只有持續的獲利，以及獲利者可以從稅收單位手上留下足夠的利潤，才可能持續投資新資本財。而要使勞工擁有愈來愈好的工具，使勞工的實質工資不斷增加，持續投資新資本財是絕對必要的。

國家計畫協會的報告中最經典的是，其對失業所提議的中央集權式補助方式，全然忽略工資的效果。無論我們通貨膨脹有多高，無論國民所得或「購買力」絕對水準是多少，若相對於物價和生產力，我們將工資推升得太高，永遠會造成失業。

這就指出了凱因斯學派的錯誤，其偏向只看「國民所得」及「購買力」這種龐大的整體貨幣總和。其實就業的維持，決定於每一個產業對利潤的預期。對利潤的預期，決定於成本與價格的相對關係，也就是各種價格之間的關係，以及工資與物價的關係。

第21章

「選擇性」信用管制

1956年1月美國總統年度經濟報告中，建議要回復政府規範消費者分期貸款信用條件的權力。當時的財政部長喬治‧漢弗瑞（George M. Humphrey）拒絕為這項建議案背書，展現了他的政治勇氣及優異的常識。

部長同時也說明了為何不該建議使用這類備用權力的正當理由，因為這樣做會賦予行政者太大的裁決權：「當你告訴1.6億人他們買得起什麼時，你就背了絕大的責任。」聯邦準備理事會主席馬丁（Martin）也指出：「對這類事件的選擇性管制，最好只是補充，而非取代一般性的整體信用及貨幣工具。」

在那時主張對分期信用做備用管制最有名的人，是當時的紐約聯邦準備銀行總裁亞倫‧史鮑爾（Allan Sproul）。在1955年12月29日的演說中，他公開說道：「我真的相信在景

氣繁榮的時候，有濫用消費者信用的誘惑，這可能變成我們經濟不穩定的重大源頭，永久授權聯邦準備體系來管理消費者信用，將可避免直接控制對於全面性自由的傷害。」

但是史鮑爾的論調，間接承認他想要這項權力，是為了避免對全面利率及信用總量做嚴厲的管制：「如果有某種信用擴張的形式已然成形，正在誘發我們經濟不穩定的危險因子，而且如果很難以全面性的信用措施觸及這個信用領域，而又不致對未濫用信用的人造成負面影響的話，這不就是應該採取選擇性信用管制的情形嗎？」

事實上史鮑爾所說的是：應該授權這幾個政府貨幣管理者在借貸者之間做歧視性對待；授權他們決定哪些是「合法的」，哪些又不是；授權他們決定哪些人應該以何種條件擁有信用額度。沒有任何政府部門應該擁有這樣的權限。這會成為政治偏袒的工具。

艾森豪總統在1956年2月8日的記者會上宣布，如果給予政府備用權力來管理消費者信用，政府將不會濫用這項權力。但是過去的紀錄顯示，「選擇性」信用管理的權力之前已然存在，並且也已經被濫用。美國聯邦準備機構抱怨「通貨膨脹壓力」，然而每次他們建議動用「選擇性」信用管理權限時，官方的重貼現率（discount rate）都還維持在只有2.5%

的低水準。（在一年半內，他們被迫提高三次，到3.5%。同樣在1957年那一年，英格蘭銀行為了阻擋英國的通貨膨脹，必須將重貼現率提高到7%。）同樣的，從1954年初到1956年初，美國聯邦準備機構已經允許並鼓勵貨幣及銀行信用總量在兩年內增加了120億美元。

政府部門對於民眾購買企業股票，以強制最低70%甚至90%頭期款的方式，做差別對待。相對地，政府以納稅人的錢作保證，讓購買房子的頭期款最低可以到7%甚至2%。美國國會有個委員會在1956年因為這麼小額的頭期款，還引發一場政治風暴。這個委員會要求回到之前的條件，在那條件下，退役軍人可以不用付區區的200美元現金，就可購買價值1萬美元的房子。這種要求對不同的借款人作差別對待的政治壓力，過去大家認為政府部門可以超越這種政治壓力，現在大家已經不這樣認為了。

總而言之，如果允許一般利率上升到適當的水準、如果對信用總量有足夠牢靠的控制，那麼「選擇性」信用管制是沒有必要的。但是如果對貨幣及信用總量沒有足夠牢靠的控制，「選擇性」管制大致上也是無效的。舉例來看，如果一個人有2,500美元的現金，但是能以區區500美元的頭期款就買下一間1萬美元的房子，然後還能用他「自己」的現金買

一輛2,000美元的車子，相對於如果他必須拿他的2,500美元當頭期款買房子，即使在很寬鬆的信用條件下，他也無法再買車子。這個信用移轉或替代的基本原理，似乎一直被提倡「選擇性」信用管制的人忽略了。

第22章

信用必須限量管制嗎？

　　回復「選擇性」信用管制或對信用做「品質」管制的提案，一再地被貨幣管理機構的人提出來，同時也常常被他們認為是「對抗通貨膨脹必須的武器之一」，我想對此作進一步的分析。

　　這項提案是有先例的，美國政府在1941年到1952年間曾經幾度採用「選擇性」信用管制，在歐洲則被廣泛使用。但是其成效很難做為仿效的根據。選擇性信用管制只是朝管制經濟的路更邁進一步。在邏輯上，它會走回到投資管制及價格管制。

　　事實上，選擇性信用管制是政府對短期投資的管制。促使政府採取這項措施的壓力來自於借款人（borrowers）所組成的特殊團體，他們想要優惠的待遇，犧牲其他人的利益。這項措施出自於貨幣管理者之手，那些人沒有勇氣拒絕這種

要求，沒有勇氣將全面性利率提高到可以停止通貨膨脹的程度。當某種商品的價格被政府壓抑住時，需求很快就會超過供給，然後這項商品就得限量管制（ration）了。選擇性信用管制只是政府對信用的限量管制罷了。

當然，對信用做限量管制就是在潛在的借款者之間進行差別待遇。將決策權丟給政治，由政治壓力來決定。這已經發生了。你買間房子，即使你負擔不起，仍然會被認為是很值得讚賞的事，因此納稅人被迫要提供你房價95%的擔保。而買台冰箱放在新房子裏，或是買一輛車從新房子通勤上班，則被認為沒那麼值得讚賞，所以賣這些東西的商家，即使願意自負風險，行政官僚也命令其信用擴張的條件要緊縮或者是「自由化」（liberalized）。在華爾街買股票（即投資會增加生產及創造工作機會的大規模產業）則被視為是反社會的，因此政府禁止賣家或是借方接受頭期款低於總價90%的條件。

簡短地說，政府的「選擇性」信用決策是根據大眾的壓力及偏見做成的。即使過去的紀錄沒有這麼糟，但這是什麼樣的一種制度，它竟然讓一群政府官僚擁有權力鼓勵某種目的的借貸，阻擋另一種目的的借貸；有權決定X產業應該要蓬勃發展，但Y產業就應該要被抑制至死？為什麼「選擇

性」信用管制，在美國及國外，都未被認為是一種無法容忍的干預？唯一的理由是（在前一章已解釋過）這樣的管制很少能達成其目的。

近來有許多支持選擇性信用管制計畫的論述被提出來，在此我只處理其中的一兩項。例如，有人辯稱「全面性的量化信用管制」是「相當殘酷的武器」。實情是，要在借款者之間根據其信用狀況分配實質儲蓄，除了能反映供需真實狀況的全面性的市場利率之外，很難想出一個更精確且真正具選擇性的工具。利率全面性的上漲只傷害到小型企業，卻有助於大型公司，這是荒謬的說法。那何不說工資全面上漲只會衝擊到小型計畫而有助於大型計畫？任何成本的全面性上漲，都只會讓賺不到可以支撐較高成本的那些計畫倒閉，與計畫或公司的規模大小無關。

這就是自由市場的功能及意義，在可貸資金的價格、原物料的價格及工資的價格方面都是如此。

第 23 章

貨幣與財貨

在普遍流行的觀念裏，有一個信念造成這個時代很難對抗通貨膨脹，那就是「為了趕上財貨的供給增加的步調」，貨幣供給應該要持續增加。

這個觀念一分析起來，就變得極為模糊不清。貨幣供給要如何等於財貨供給？我們又如何能衡量財貨和服務（goods and services）的總供給呢？以噸為單位嗎？一噸金錶和一噸砂相加嗎？

我們能夠衡量財貨和服務的總供給，通常是以價值來計算的。但是所有的價值都是以貨幣為單位來表示。如果我們假設任何時候的財貨及服務的供給都維持不變，當貨幣供給加倍時，這些財貨及服務的價值也大約是加倍的。但是如果我們發現財貨及服務的貨幣價值在某一段期間內增加了一倍，我們如何區別（除非做了先前的假設）哪些是因為生產

增加，哪些又是因為貨幣供給增加？而且當每種財貨的貨幣價格（意即「價值」）相對於其他財貨是不斷改變的，我們如何才能精確地衡量總體「實物生產」的增加？

然而，卻有經濟學家不但認為他們能回答這類的問題，而且能精準地回答。已故的哈佛大學桑納‧斯利克特博士（Sumner H. Slichter）建議每年增加貨幣供給2.5%，以平衡假設「生產力」每年成長2.5%所造成的價格壓抑效果。達特茅斯學院的塔克商學院（Tuck School of Business Administration at Dartmouth）的亞瑟‧亞普格林院長（Arthur Upgren）在1955年也寫道：「商人、銀行家及經濟學家估計美國每年需要4%或5%的貨幣供給成長。」他會得到這個令人矚目的數字是加總了「每年人口成長1.5%，每年生產力成長2.5%，而另外還需要每年增加貨幣供給1%給專門的產業。」這樣的說法看起來是相同的事情重複加總了二到三次。無論如何，這種差異這麼大的估計和計算，在科學上是否有效是很有問題的。

可是卻有許多人逐漸真正的相信，除非貨幣供給能與財貨及服務的供給「成比例」地增加，否則不僅會造成價格下跌，還會帶來「貨幣緊縮」及經濟衰退。這個觀念是經不起分析的。

如果貨幣的數量和品質一直維持固定不變。且每人工業生產力及農業生產力呈現持續上升的趨勢,的確會有貨幣價格下跌的趨勢出現。但是這絕不會造成更多失業或經濟衰退,因為生產的實質(以及貨幣)成本會持續下降。不必然會威脅到毛利率。總需求仍足夠用較低的價格購買所有的產出。

生產的誘因和指引生產的是「相對毛利率」(relative profit margins),相對毛利率不是由價格的絕對水準決定的,而是決定於每種產品價格間的關係,以及生產成本(各種生產因素的價格)與完成品價格之間的關係。物價持續下跌的經濟繁榮,有個顯著的例子是發生在1925年到1929年間,當時維持了完全的產業活動,而躉售物價每年平均下跌超過2%。

認為貨幣供給必須不斷增加以趕上財貨及服務供給增加的速度,這樣的觀念已使得大家對於過去12年來貨幣供給的不斷增加,缺乏應有的關切。自1947年底到1959年底,銀行存款及流通貨幣的供給已經增加了790億美元,即46%。而自1947年底以來,平均躉售物價增加將近24%,儘管工業生產指數是增加了60%。

第24章

大騙局

　　本章有一個表格，出自紐約第一國家市銀（First National City Bank of New York）1964年7月出版的經濟月刊，顯示1953-1963年42個國家貨幣購買力的萎縮情形。這個購買力萎縮情形，是由這些國家政府公布的生活成本或消費者物價指數的倒數計算而得。

　　將這個全球性的駭人景象常常放在心上，是很重要的事。它提醒我們通貨膨脹不過是個大騙局，而幾乎全球各國政府都施展這個騙局，只是程度不同，有時是無知的，有時是旁觀冷笑的。這個騙局侵蝕每個人的所得購買力以及每個人儲蓄的購買力。它是隱藏性的租稅，且是所有租稅中最邪惡的。它對窮人的所得及儲蓄課徵與有錢人的所得和儲蓄相同比例的租稅。最重的負擔是落在那些節省的人、年紀大的人、以及那些無法以投機或要求加薪來補償貨幣貶值的人。

為何這個騙局能持續下去？因為政府希望能支出，一方面是為軍備，最大部分是因為要補貼及給予各種壓力團體，而又沒有勇氣課徵與支出相同數量的稅捐。換言之，這個騙局會持續下去，是因為政府希望買我們之中某些人的選票，但又要瞞住其他的人這些買票的錢是我們自己的錢。這個騙局會持續下去是因為政治人物（部分透過凱因斯理論的第二手或第三手影響）認為這是維持「充分就業」（那些自封為進步主義者現今追求的目標）的方法，而且是唯一的方法。這個騙局會持續下去是因為大家已放棄了國際金本位制度，因為全世界的貨幣基本上都是紙鈔，大家都是無根的浮萍，隨每次的政治風向而漂移，受每個官僚高興所擺布。然而，每個膨脹的政府都嚴肅地宣告要「打擊」通貨膨脹。他們用廉價的貨幣，或是印刷機，或是兩者並用，來增加貨幣及信用供給，然後對這樣作為的必然後果，予以假意的譴責。

	貨幣價值的指數			每年貶值率（複率）		
	1953	1958	1963	1953-58	1958-63	1953-63
瓜地馬拉	100	95	95	1.0%	…%	0.5%
錫蘭	100	97	93	0.6	0.8	0.7
薩爾瓦多	100	90	92	2.1	-0.4	0.9
委內瑞拉	100	97	92	0.6	1.2	0.9
美國	100	93	88	1.5	1.2	1.3
比利時	100	92	87	1.7	1.2	1.4
加拿大	100	92	87	1.7	1.2	1.4
葡萄牙	100	95	86	1.0	1.9	1.5
巴基斯坦	100	91	86	1.9	1.2	1.5
厄瓜多	100	98	85	0.4	2.7	1.6
瑞士	100	93	84	1.5	2.1	1.8
德國	100	92	82	1.7	2.2	2.0
南非	100	87	82	2.7	1.2	2.0
菲律賓	100	95	81	1.0	3.1	2.1
澳洲	100	88	81	2.5	1.7	2.2
印度	100	91	78	1.9	2.9	2.4
奧地利	100	90	78	2.1	2.7	2.4
愛爾蘭	100	86	78	3.0	1.9	2.4
荷蘭	100	85	77	3.2	1.9	2.5
英國	100	86	77	3.0	2.2	2.6
紐西蘭	100	85	77	3.2	2.1	2.6
義大利	100	88	75	2.5	3.1	2.8
挪威	100	85	75	3.2	2.6	2.9
瑞典	100	84	73	3.4	2.7	3.1

	貨幣價值的指數			每年貶值率（複率）		
	1953	1958	1963	1953-58	1958-63	1953-63
日本	100	92	72	1.7	4.7	3.2
丹麥	100	86	71	3.0	3.8	3.4
希臘	100	76	70	5.3	1.7	3.6
芬蘭	100	78	67	4.9	3.1	3.9
法國	100	83	66	3.7	4.4	4.0
墨西哥	100	66	59	8.0	2.1	5.0
伊朗	100	72	56	6.4	4.9	5.6
西班牙	100	71	55	6.6	4.9	5.7
以色列	100	72	55	6.4	5.1	5.7
祕魯	100	74	50	5.8	7.6	6.7
中國（台灣）	100	68	46	7.4	7.6	7.5
哥倫比亞	100	66	40	8.0	9.4	8.7
土耳其	100	58	38	10.3	8.2	9.3
烏拉圭	100	57	18	10.6	20.6	15.8
阿根廷	100	46	9	14.4	27.3	21.1
巴西	100	42	6	15.9	31.9	24.4
智利	100	13	5	33.5	18.2	26.3
玻利維亞	100	4	3	47.5	7.9	30.5

註：貶值率的計算是採用未進位處理的資料，以官方生活成本或消費
　　物價指數的倒數衡量。

第25章

寬鬆貨幣＝通貨膨脹

1957年早夏，財政部長漢弗瑞在國會委員會作證時，對於通貨膨脹的原因給大家上了清楚易懂的一課，同時對於那些主張寬鬆貨幣的人，也提出令人印象深刻的回應。

通貨膨脹的支持者當時堅決主張，行政部門提高利率的措施，已經降低信用數量，造成「通貨膨脹」及較高的物價。

對於信用數量，部長明快指出實際上已經「在過去四年內大幅擴張」。事實上，就如部長所說的，如果我們計算房屋貸款、消費者、企業及其他非銀行部門的信用，比起1952年時已增加了1,465億美元（1,358億美元來自「儲蓄」，107億美元來自「銀行信用擴張或是貨幣供給的增加」）。「銀根緊縮」（tight money）的抱怨，就如部長所說的，只是政府對於貨幣性擴張有一些限制而已。

利率上升造成價格上升，因為利率就是一項生產成本，漢弗瑞對於這個常常被提起的爭論，給了最佳官方答案。以所有製造商的總銷售為基礎，他指出一項商品如果賣100美元，其成本中大約33美分是利息。在1946年起的10年期間「消費者所購買的商品價格上漲了27.5%，或說100美元的商品漲了27.5美元（因勞動或其他成本），而因為利率上漲所增加的是20美分。」

他在房屋建造方面的比較說明，也令人印象深刻。一棟在1946年建造成本為1萬美元的房屋，到了1957年建造成本為1.9萬美元。如果聯邦住宅局（FHA, Federal Housing Administration）的房貸利率從1946年的4%到1957年提高為5%，每月的房貸負擔（以15%頭期款，20年分期攤還的貸款條件計算），1946年的房屋為51.51美元，1957年的房屋增加為106.58美元。所增加的金額，只有8.71美元是因為利率升高造成的，其餘的46.36美元則是因為通貨膨脹造成其他成本提高所致。

但如果以人為的方式壓抑利率，是在鼓勵借貸，因而增加貨幣及信用供給。就是貨幣供給的增加，推升了物價（及成本），構成通貨膨脹的核心。

1957年大家對於聯邦準備體系的批評（至今仍是），不

在於它一直讓信用太稀少及利率太高，而是它對於通貨膨脹主張者的壓力低頭。它使信用太充裕了，並且也讓利率維持在太低檔。就是因為利率在1957年仍然太低，信用的需求才會超過供給。重貼現率僅3%（而91天國庫券殖利率為3.404%），這是擴張性的。聯邦準備體系可能仍考慮要跟隨加拿大的前例，將重貼現率一直維持在高於國庫券利率至少0.25%的水準。這樣的做法可能不足以停止通貨膨脹，但這是必需的條件。這也將會產生一項政治上的重要好處，因為它顯示出聯邦準備體系只是跟隨市場的腳步，不是專斷地提高利率。

第26章

成本推升的通貨膨脹？

在1957年初在各地突然冒出一項理論，認為我們現在面對的是一種「新的」通貨膨脹。當時美國鋼鐵公司（U.S. Steel Corporation）財務委員會主席羅伯‧泰森（Robert C. Tyson）對此的描述為：「這種新的通貨膨脹，看起來是成本膨脹推動價格上揚，而不是物價膨脹經由原物料及人力競爭性標價而將成本向上拉升。我們可以將它視為一種新的成本推升型態，以與傳統的需求拉升型通貨膨脹作區隔。」

更進一步地，全國產業聯盟理事會（National Industrial Conference Board）的一項研究宣稱：「雖然貨幣供給已經受到聯邦準備政策的查核控制，企業活動仍然是處在活絡的趨勢……由於物價持續上升，1956年的經驗顯示，貨幣及其使用率並非唯一決定物價的因素……今天，關鍵問題是：要處理非貨幣力量引發的物價壓力，使用貨幣控制的手段適當

嗎？」

在我看來，現在這種理論是將真相與謬誤混淆在一起了。聯盟理事會試圖以統計數據來證明這個情形。但是如同美國勞動統計局（Bureau of Labor Statistics）1957年5月13日在一項有關生產力、成本及物價的研究中指出：「若有數據顯示出在特定的一年中或是幾年期間內，物價或是單位勞動成本呈現相同的增加，或是其中一項呈現出較大的漲幅，這應該被視為是描述已發生的事實，並不必然可以解釋造成變化的原因。單位勞動成本增加，可能導致價格上漲，但是反過來看，價格上漲會引發調漲工資的強大壓力，……工資上漲是否導致價格上漲，或是反過來價格上漲導致工資上漲，這並無法單以這些數據來判定。」

勞動統計局的報告接著說：「1947-56年的戰後這段期間，勞工的平均時薪，以目前幣值計算，較生產力的上升高了許多，前者上升了約61%，而後者上升26%，造成每一元實質產出中員工薪酬上升了約28%。」

這聽起來像是個壞預兆，但這是因為它混淆不清的陳述。在往下的第四段中提到：「每一元實質產出中員工薪酬增加了28%左右，與1947-56年間物價的上漲率幾乎一樣。」換言之，第一次引用「生產力」這個字時，必定是指實質

（real）生產力，而不是當年貨幣價值（dollar-value）計算的生產力。因此，將生產力上升的26%，乘以物價水準上升的28%，我們得到與每小時勞動收入增加相同的61%。

聯盟理事會試圖證明，之前兩年的物價上升，絕不是因為貨幣供給增加造成的。但是這忽略了較長期間的比較，同時錯誤地假設貨幣供給的變化，必定會相同比例地反映在物價上，不會有時間落差或是預期效果。然而，貨幣（以及信用）擴張是通貨膨脹的必要且充分原因。沒有貨幣及信用擴張，工資率的過度上升只會造成失業而已。

我很遺憾必須對這兩篇優異且具資訊價值的報告做出批評。它們在描述「政治壓力」時，「成本推升」理論者是對的。我們的政治人物將不負責任及無法抗拒的權力交給工會領導人，然後再來懇求他們不要使用這個權力。他們拿走對輕率行為的自然經濟處罰，然後再來乞求予以限制。如果聯邦準備體系嚴格地為貨幣及信用把關，當工會領導人不斷推升工資率時，對於其後續的失業及衰退後果，政治領導人會譴責的是聯邦準備體系，而非工會。

只要政治氣候繼續這樣不健康，要停止通貨膨脹就不可能。但是理解與勇氣，能讓通貨膨脹在一夕之間獲得控制。

第 27 章

相互衝突的目標

1957 年 1 月紐約保證信用公司（the Guaranty Trust Company of New York）在其每月調查中，談到一個已經獲得歐洲頂尖經濟學家注意並在美國日益嚴重的問題：政府自認為有「責任」要達成特定的「目標」，但政府的這些經濟目標卻是彼此衝突的。

自第二次世界大戰結束以來，各國的政府都在追求三個相互矛盾的目標：（1）持續上升的工資，（2）穩定的物價，（3）充分就業。

這些目標無法同時全部達到，應該是很明顯的事。即使在短期，這些目標中的任兩項都只能在犧牲第三個目標的情況下才能達成。因此，如果我們嘗試讓工資不斷上升（不管生產力如何），此時我們若要擁有充分就業，就必須願意讓物價不斷上升使廠商的毛利率能夠維持，而且我們必須將貨

幣購買力提升得夠高使得消費者能付得起高物價，這樣我們才能擁有充分就業。而這就是說，我們必須要放棄物價穩定的目標，鼓勵持續性的通貨膨脹。

如果我們嘗試要擁有不斷上升的工資及穩定的物價，我們很快就會到達一個點，就是我們只有以失業為代價，而且最終會是大量失業，才可能同時達成工資和物價這兩個目標。如果我們想要穩定的物價和充分就業，那麼罷工或威脅要罷工所得到的每年工資上升（無論生產力狀況如何），就必須要放棄了。

然而，一方面有工會領導人及其他團體的壓力，另一方面大家又執著於政府「必須負責」每個人的經濟福利，在這樣的情況下，西方政府在過去十或二十年間，事實上一直選擇不斷提升工資，以及用所謂的「緩慢」（creeping）通貨膨脹來支撐充分就業。

事實上，這樣的做法一直有一些合理化的解釋，其中最直率的為已故的哈佛教授斯利克特（Sumner H. Slichter）。斯利克特似乎認為每年2%的「緩慢」通貨膨脹，既是必要而且是可以接受的。但是，聯邦準備體系的瑞福樂博士（Dr. Winfield Riefler）已經指出，即使我們自認能夠把每年的通貨膨脹控制在2%的水準，「這將會使每個世代的人的美元

購買力減損一半。」這樣的「解決方案」是合法的搶劫，受害的是數百萬的儲蓄銀行存款人、人壽保險保戶、債券持有人，以及所有依賴固定或是變動緩慢的所得的人，這就是我們要拒絕這項建議的充分理由。

即便如此，這項方案仍然發揮不了作用的。在計畫、知曉、以及預見通貨膨脹的那一刻，遊戲就展開了。通貨膨脹是一場騙局，而你不能讓計畫中的受害人事先知道你打算要誆騙他們。斯利克特提出的計畫主要是為了對付每年加薪的訴求。但是如果這個計畫付諸施行的話，工會領導人就會在他們想要的加薪幅度上，再加個2%（或是任何計畫所宣稱的通貨膨脹率）。事實上，工會領導人、投資人、商人、投機者都會提高他們的需求，或是改變營運以對抗通貨膨脹，因此，通貨膨脹就會失去控制，不斷飆高直到垮掉。

只有極少數的一群人，即使在「專家」中也是很少數的人，還能了解到物價在通貨膨脹的初期，通常上漲幅度是小於貨幣供給增加的幅度，但是在通貨膨脹後來的階段，物價的漲幅總是高過貨幣供給增加的幅度。

然而，有一個方法可以同時達成上升的工資、穩定的物價、充分就業三項目標（當這些目標作合理解釋時）。這個方法是經由回復健全的通貨制度以及真正的自由經濟。在這

樣的經濟中，工資上升的速度不可能一直快過邊際勞動生產力（marginal labor productivity）增加的速度，但是兩者上升的速度可以是一樣的，雖然工資實質購買力的提升，可能反映在價格下降，多過於工資的提升。

第28章

「管理型」通貨膨脹

經濟學家嘉地那‧敏斯（Gardiner C. Means）在1930年代發明了「管理型物價」（Administered prices）一詞，在1957年他又提出了當時的通貨膨脹是「管理型」通貨膨脹這樣的理論。他認為，其解決方案是由總統邀集企業及勞工領導人召開會議，從他們那裏達成協議，守住工資及物價的防線一到兩年。

但是他的因果理論在當時和現在而言都是錯誤的。他提出的補救之道在當時和現在都是不必要的，不會有效果的，但有可能會大幅加重本來要治療的問題。

他同意過去的通貨膨脹都是「貨幣型」通貨膨脹——貨幣供給增加，競逐現有可供給的財貨及服務所造成的結果。這是正確的。而且這也適用於所有的通貨膨脹，包括目前的通貨膨脹（即1939年到1960年）。

這一點可以在任何一組長期數據的比較中看出來。1939
年底貨幣及銀行信用總供給（銀行存款加流通在外通貨的
總和）為647億美元，1957年3月為2,215億美元，成長了
246%。1939年的躉售物價指數為50.1，1957年為117.4，成
長了136%。在這段期間躉售物價沒有更進一步上漲的主要
原因，是因為這段期間的生產有大幅的增加。貨幣供給增加
即足以解釋目前的通貨膨脹。我們並沒有「新種」的通貨膨
脹，而且我們不需要新的解釋。

我們既沒有邏輯上也沒有統計上的比較，可以支持通貨
膨脹的「管理型物價」理論。如果賣方可以將物價管理到他
們所選擇的任何水準，為什麼今天的物價會比1957年（或
1955年、1949年、1939年、1914年）的物價都高？為什麼
現在所有的物價都提高了？又是什麼阻止了物價更進一步走
高？

的確，某些價格是受到管理的（在有限的範圍內），其
價格水準與完全自由的競爭可能產生的價格不同。明顯受到
直接管理的價格就是那些受到政府管理的價格。這包括所有
的公用事業費率及鐵路費率。但是這些是被管理壓低價格，
而非提高價格。農產品價格當然是受到政府支持，高於自由
市場的水準。農產品在1957年的價格水準較1939年時高出

了150%，而工業產品則只升高116%。

到目前為止，最重要的管理價格是勞動的價格。貨幣工資因強有力的全產業勞工工會而提高。製造業每小時工資從1939年到1957年已經增加了229%。

敏斯提出的解決方案，是在1957年請總統召開企業及勞工領導人會議，取得協議守住物價及工資防線。如果大家一致固守這樣的協議，將會造成極大的傷害。他們將不容許個別產品價格與工資間的相對變動，而那是因應供需變化而調整產量時所必須的。

過去所有的固守防線的立法或是自願性協議，都因為希望工資上漲的政治壓力而破裂。敏斯的計畫很笨拙地承認了這一點。他提出的協議因考慮生產力的提升，將允許「小幅」的工資調漲，以及「個別工資有極大差異時必須修正」的提升。任何記得二次大戰經驗的人，必定知道這樣的漏洞將會被大鑽特鑽，最後使得固守防線協議成為一場鬧劇。但即使是這樣的結果，也比強制執行來得好，因為嘗試守住物價與工資的單一防線，將會對生產造成災難性的後果，尤其當貨幣及信用供給如果持續增加的話。

敏斯型的計畫完全是不必要的。阻止目前通貨膨脹所需要的是，停止貨幣及信用供給擴張，以及對於創造出龐大工

會及賦予工會（雇主無法抗拒的）強制調薪權力的法案予以撤銷。

第29章

寬鬆貨幣，有其極限

　　歐洲及美國的通貨膨脹一直持續，主要的原因之一，就是政府或是中央銀行將短期利率維持在太低的水準。過低的利率會鼓勵過多的借貸，這代表貨幣及信用供給的擴張，最終將會導致商品價格更進一步上升。

　　當然，政府或中央銀行要將利率長期維持在低水準也是有可能的，可以直接印製鈔票，或是准許過多的借貸，致信用擴張到無可避免的超低利率後果。而大家比較不了解的是，廉價的貨幣是無法永無止盡地持續下去的。會有動力產生，最後會將利率推升到比沒有廉價貨幣政策時還要高。

　　貨幣及信用的擴張是維持低利率所必須的，同時也會推升商品價格及工資。而較高的商品價格及工資，使得必須借貸更多的錢才能做到同樣數量的生意。因此信用需求很快就會和信用供給增加的速度一樣快了。之後，會有另一項因素

加進來。當借貸雙方開始害怕通貨膨脹會繼續下去時，價格及工資就會開始增加得比貨幣及信用供給還要快。借方要借更多，因為預期價格會更進一步上漲，而貸方堅持要收取較高的利率，當作是保險的貼水，以彌補貸放出去的錢將來的購買力可能降低。

當這些發展到了極致，我們就會碰到像 1923 年 11 月德國的情況，當時「貨幣市場利率」（rate for call money）的日利率上升到 30%。這種現象的溫和版發生在 1957 年的英國，例如 1957 年 6 月時，美國票面利率 2.5% 的國庫券交易價格約為 86，而當時在英國，1946 年發行的票面利率 2.5% 的國庫券可以用 50 買到，約是原始購買價格的一半。那時英國的公司股票價格則飆高，有些股價高到讓投資人的報酬遠低於政府公債。一位倫敦證券商對此所做的解釋是：「老實說，由於英鎊在過去十年平均每年貶值 4.75%，任何所得或資本的投資淨報酬率若可能低於這個數字，就是負的收益，就應該被放棄。」

寬鬆貨幣的吸引力逐漸走到盡頭了。這就是為什麼 1957 年 9 月英格蘭銀行要將重貼現率提高到 7%。

第30章

可有「緩慢的」通貨膨脹？

　　正當幾乎每個人都反對通貨膨脹（即使是那些其所提倡的政策會導致通膨的人），此時讀到已故的斯利克特教授的著作，另有一番新鮮的感受，斯利克特教授明白地接受通貨膨脹為「必要之惡」，並認為沒有通膨就沒有繁榮。

　　他的確很謹慎地表示，他只是贊成「緩慢的」（creeping）通貨膨脹，而不是「飛馳的」（galloping）通貨膨脹。雖然在關於爬行變成慢跑的確切分界點，他是很模糊的。他提出一年物價上漲2%或3%應該是正確的，是他不小心透露出來的。然而，有人指出即使我們能夠將通膨控制在每年2%，還是代表美元的購買力一個世代會被侵蝕掉大約一半。

　　即便如此，仍無法達到斯利克特所宣示的目的。他認為物價必須上升這麼多才能符合工會每年工資調升的要求。但是斯利克特的通貨膨脹計畫一旦公開執行時，就如我在第27

章所指出的，工會領導人就會在他們所要求的加薪幅度上再加上2%（或是任何計畫的每年通貨膨脹率）。事實上，放貸的人、投資人、製造商、零售商、投機客等，全都會將他們的要求向上加碼，或是改變他們的營運以克服通貨膨脹，因此將會競相飆高，直到崩盤。不斷下跌的通貨，最終將遵循適用於所有下墜物體的自由落體加速定律。

1957年9-10月號的《哈佛商業評論》（*Harvard Business Review*）中，斯利克特不但繼續推崇緩慢的通貨膨脹，對於前經濟顧問團成員尼爾・傑可比（Neil H. Jacoby）及聯準會副主席坎比・玻德斯頓（C. Canby Balderston）反對通貨膨脹的立場也加以譴責。我無法對斯利克特文章中全部的混淆之處加以分析，此處引用幾個例子來幫助大家了解。

他宣稱「緩慢的通貨膨脹必定遲早會成為慢跑式的通貨膨脹」是「不正確的」，因為美國在過去25年並未發生這種事。然而我們的生活成本在過去17年間成長了超過兩倍，這絕對是超過「緩慢」。斯利克特應該看一看法國法郎的例子，當時的購買力還不到1914年時的百分之一，或是如第24章中所指出的，過去9年內，在42種貨幣中有一半幣值損失超過三分之一。

至於近年來蒙受損失的節儉一族，斯利克特的態度在我

看來，是有些冷酷無情。數百萬的儲蓄銀行存款人及政府債券持有人，就眼睜睜地看著自己財產的購買力縮水了三分之一或是一半。斯利克特對此冷冷地寫道：「這些人因為他們差勁的投資判斷付出了代價。」簡而言之，這些人差勁的判斷在於他們信任國家的貨幣，以及他們呼應了政府的要求去買戰爭債券。

斯利克特的提案根據的是他的執著，他相信持續緩慢的通貨膨脹對於維持充分就業是必要的。這一點導致他誤解了傑可比的話為「允許失業率下降到4%以下，以使物價維持穩定」，但是實情是充分就業或是非充分就業都與通貨膨脹無必然的關係，而是完全決定於工資、物價、利潤之間的變動及相互作用關係的維持。斯利克特似乎不了解「工會不可能提升全體勞工的實質工資」，因此他的反駁抓不到重點。

最後，在減少通貨膨脹所造成的損害上，斯利克特未能看到在接近充分就業的情況下，進一步的通貨膨脹總體而言，必定會使受傷害的人數相當於受益的人數，因為從通貨膨脹所得到的名目所得利益，必定會被貨幣購買力上的損失給抵銷掉。

第31章

如何消除債務？

　　每當有人向艾森豪政府指出（之前也對前任民主黨政府提過），美國的國家債務正持續攀高，此時常見的一個辯詞就是，債務占國民所得的比例並未升高。

　　這樣的回答忽略了一項事實：國民所得（以貨幣現值計算）的升高，大部分的原因是物價上漲，而物價的上漲是因為貨幣貶值，而貨幣貶值部分原因就是導致債務增加的赤字預算所造成的。所以簡而言之，這項答辯等於是在吹擂國家債務的負擔不會增加，因為只要用貶值後的更多貨幣來支付就行啦。

　　今天大部分的政府可能都得這樣吹擂。在本章的最後是一個表格，摘自1957年8月號的《皮克世界貨幣報告》（*Pick's World Currency Report*），顯示在過去九年12個國家的公共債務狀況。其中只有3個國家的債務以該國的貨幣計

算是減少的；其餘9個國家的債務以該國貨幣計算都是增加的。然而，雖然這些國家在以名目幣值計算上，債務較10年前增加許多，但是美國、巴西、法國、瑞典及英國以實質幣值計算，債務較10年前減少了。雖然美國的債務以名目幣值來看，自1948年以來增加了240億美元，但是美元的購買力降低，消除了相當於420億美元的債務。雖然法國從1948年以來，債務從3兆4,120億法郎增加到6兆5,060億法郎，但是以1948年購買力計算的話，也消除了3兆3,830億法郎。

這就是政府現今欺騙債務人的做法，而這些債務人正是當年回應政府愛國心的訴求，提供協助的人。

這個過程並沒有新鮮事。這是老套了，亞當‧斯密（Adam Smith）在1776年的著作《國富論》（*The Wealth of Nations*）中提到：「當國家債務一旦累積到某個程度，我相信很少會公正且完全償還。公共收入的釋出，如果曾經發生過的話，也必是因為破產而釋出，有時是坦然公開的破產，常常雖是表面上有償付，實質上卻是破產。

「提高錢幣的面值一直是最普遍使用的權宜之計，用這方法將實質上的破產，隱藏在假裝償付的外表之下……這類的表面上的償付……使災難禍延到無辜的眾多其他人……當政府必須宣告破產時，就像個人一樣，一個公平、公開及公

然承認的破產，對債務人永遠是最不可恥的，對債權人永遠是傷害最小的。這個政府的信譽鐵定是非常差，假如它為了掩蓋實質破產的恥辱，求助於這類欺騙的花招，這麼容易被看穿，同時又這麼極端邪惡。」

亞當・斯密繼續敘述，「幾乎所有的國家……不管是古代的或現代的」是如何「玩弄這項欺騙的花招」。我們可以再加上一點，自從以紙鈔代替金屬錢幣之後，這花招變得更為容易，而使用得更為頻繁。甚至可以說，今天的借錢一族，包括大多數公司的股東，可能和放貸的人一樣有錢，放貸的人包括那些儲蓄銀行的存款戶及儲蓄債券的持有人。

國家債務 （單位：十億貨幣單位）

	1948	1957	1957
	名目紙鈔單位		調整為1948年的購買力
美國 $	252	276	234
加拿大 $	15	14	10
阿根廷 p.	18	95	26
比利時 fr.	245	328	279
巴西 cr.	23	67	20
法國 fr.	3,412	6,506	3,123
義大利 l.	2,315	4,805	3,604

	1948	1957	1957
	名目紙鈔單位		調整為1948年的購買力
荷蘭 fl.	26	18	12
西班牙 p.	53	90	59
瑞典 kr.	11	14	10
瑞士 fr.	11	8	7
英國 £	25	27	18

第32章
成本─價格壓縮

在目前的通貨膨脹中（1940到1964年的通膨）不時爆發激烈的爭辯，是關於究竟是誰或是什麼原因引起通貨膨脹。「勞工」及「管理階層」相互指控對方。

對於管理階層的攻擊常常是出自汽車工聯（United Automobile Workers）的領袖華特・路得（Walter Reuther）。例如，1957年路得堅決主張引起通貨膨脹的元兇一直都是「過高」的利潤，而非工資。鋼鐵工會的研究主任奧提斯・布魯貝克（Otis Brubaker）在同一時間也宣稱：「20年來工資上升並未造成任何的物價上漲。」

這些指控引發回擊。紐約第一國家市銀（First National City Bank of New York）在1957年10月發出的信函中指出：「（從1939年起）無論以哪一年為基期，鋼鐵業的工資及總雇用成本的上升幅度，都遠超過生產力。從1940年到今天，

生產力上升了56%，遠遠低於時薪及總雇用成本超過200%的上漲幅度。結果……是單位勞動成本幾乎上漲了兩倍，以及無可避免的物價上漲壓力。」

製造業全國協會（National Association of Manufacturers）在同一年9月出版的研究，對同樣的問題做了一份更為廣泛的研究。該研究發現，製造業自二次大戰結束以來的歷史，是一部每單位產出成本不斷上升的歷史——尤其是勞動成本及租稅。從1948年到1956年，每單位產出中受雇者薪酬上漲了23%，企業稅上漲了32%，但是製造品的價格只漲了10%。結果造成從1948年到1956年，每單位產出的利潤減少了25%。

製造業的獲利率下滑，以毛利占銷售額的比率來看，更是怵目驚心。它從1948年的4.9%跌到1956年的3.1%（供作比較，該數字在1929年為6.4%；1937年為4.7%；1940年為5.5%）。因此，製造業全國協會的研究結論是：「在1948年到1956年之間，毛利佔銷售額的比率，從景氣繁榮時期應有的水準，下滑到衰退期間才會出現的水準。」較高的成本無法自動以較高的市場價格獲得補償。

紐約第一國家市銀及製造業全國協會所做的統計比較，證明通貨膨脹至少不是路得所宣稱的因為製造商過高利潤的

「貪婪」所造成的。但是它們未能證明製造業全國協會研究所說的「無法逃避這樣的結論，就是目前通貨膨脹的推升是因為不斷上升的勞動成本，以及不斷加重的租稅負擔」。

工資的上升，確實如這兩個研究所指出的，超過了「生產力」的上升。但是研究是拿貨幣工資（money wages）與實物產出（physical output）作比較。任何的通貨膨脹無論其成因為何，貨幣工資在實際上，幾乎都會比實物的產出上升得更多。這純粹是因為工資及物價兩者在每次的通貨膨脹中都會上升。這不必然會有後續的因工資上升而引起的物價上升。兩者可能是因為共同的原因而上升。

那個共同的原因並不難發現。自1939年或1948年起的工資及價格上升狀況，若是沒有貨幣供給增加的助長，都是不可能發生的。貨幣及信用供給（銀行存款加上通貨的總額）自1939年底的647億美元，到1948年底增加為1,727億美元，到1956年底增加為2,264億美元，到1963年底增加為3,138億美元。簡短地說，過去10或20年間若無貨幣當局的合作與縱容，是不會有通貨膨脹的。

當然，這不意味工會壓力對這樣的結果沒有責任。在目前的勞工法令下，政府不只是鼓勵，實際上是強迫每一種產業都成立工會，並擁有權力推動持續性的工資上漲。除非這

些過度的工會權力能夠縮減，不然一定會因為迫使成本高於物價而導致失業，或是製造政治壓力而產生更多貨幣性的通貨膨脹。

第33章

1946年的就業法案

在金本位制度下，一個國家的貨幣政策的主要目標非常明確：以維持隨時可兌換黃金的方式，保護貨幣的健全。在紙幣制度及凱因斯學派的意識型態下，貨幣政策的目標變得很混淆了。美國1946年的就業法案（The Employment Act）宣示：「聯邦政府的持續性政策及責任，在於使用所有可用的手段……以促進最大就業、生產及購買力。」許多人將此解釋為發動通貨膨脹的命令。聯準會主席馬丁建議國會應該「堅決地」宣示「好讓全世界知道，聯邦經濟政策的一項主要目標就是穩定生活成本」。

最好的解決方式，就是乾脆撤銷1946年就業法案。但是如果這部有害的法律要繼續維持下去，至少應該要修正，增加物價穩定的要求，以抵銷該法案目前所顯示的嚴重通貨膨脹傾向。

目前大家還沒想要將物價穩定當作是政府政策的官方目標。這暗示國家主義（statism）可能會進一步擴張。但是這就是我們放棄金本位制度時所創造出來的棘手問題之一。

第34章

膨脹？還是調整？

　　不只是溫和的通貨膨脹當中，即使在如燎原野火的通貨膨脹當中，都會有突然的停頓、不景氣、或是暫時的平息。在這些情況發生時，通貨膨脹的支持者宣稱通貨膨脹結束了，我們現在面臨衰退或通貨緊縮了，我們應該立即採取他們的「穩定」措施。在1957年後幾個月及1958年前幾個月發生過這類的不景氣。雖然躉售及消費者物價持續上升，利率、工業生產及就業都下滑。於是開始湧出許多補救方案的提案。

　　對於曾經歷大蕭條（Great Depression）的我們來說，這些計畫帶有一種奇怪的熟悉感。例如，1931年6月12日，紐約大通國家銀行（Chase National Bank of New York）的一位經濟學家──已故的班哲明・安德森（Benjamin M. Anderson）出版了一本小冊子，名為《均衡可創造購買力》

（*Equilibrium Creates Purchasing Power*）。安德森在兩個相對的思想學派之間作了比較。他所支持的學派發現不景氣的原因在於「經濟均衡被破壞」。另一個學派說不景氣的原因在於「購買力不足」。

購買力學派（purchasing-power school）是通貨膨脹的支持者。他們主張「廉價貨幣政策」、支撐農產品價格、以及大量的「公共工程」支出，主張「絕不容許工資裁減」，「購買力學派所代表的願景是生產跑在購買力前面」。與之相對的，安德森支持回復均衡，主要是透過價格及工資的自由及彈性調整。他呼籲回復到不同型態的生產之間、價格之間、尤其是價格與生產成本（包括工資）之間的適當平衡，才有可能產生利潤，對利潤的期待將能再次激勵企業。

他寫道：「當貨品以適當的比例生產出來時，會在市場間彼此結清……生產本身會使所得增加，所得則支持消費。生產及消費一起擴張。在美國1億2千萬人所消費的數量遠大於在中國4億人的消費，因為美國的生產要大得多……問題只在於維持不同種類的生產之間有適當的比例。這是可以在資本主義體制內經由價格與成本的變動就可以達成的。勞動及資本會退出報酬低的地方，移向報酬較佳的地方。這個體制要能平順運作需要有彈性的價格、在競爭情況下營運，

可以顯示出供給與需求的真實狀況。」

安德森接著指出購買力理論是行不通的。「我們已經有極端廉價貨幣超過一年以上了。」當物價下跌時，工業工資率的僵固無彈性（編按：即工資率向下調整時會遭遇壓力）使得失業率增加。在1929年6月到1931年3月之間，「實質」工業工資率上升11%，間接迫使「實質」農業工資率下跌了17%。

然而，如我們所知，購買力學派──通貨膨脹學派──勝出。因此在之後的10年，我們有廉價貨幣、無彈性及不斷上升的工資率、嚴重的政府赤字──直到第二次世界大戰爆發，我們才得以解套。

今天，最主要的意識型態改變在於很少有人是這兩個學派的。實際上，在華府的每個人似乎都同意，我們可以透過更多的通貨膨脹，輕易地脫離衰退。我們需要的只是要有足夠大的劑量──增加支出，或是租稅減免、或是任何能產生巨大赤字的措施。新的聖經是凱因斯的《就業、利息與貨幣的一般理論》（*The General Theory of Employment, Interest and Money*），其否定了薩伊定律（Say's Law，譯注：薩伊定律是說「供給創造需求」），而且不理會調整特定工資及物價的需要。1958年初共和黨政府不贊同民主黨通貨膨脹支持者

的，只是時機問題。政府希望每件事可以在未來幾個月內自行解決。如果沒有，它承諾會採行「積極的政府行動」——這是「更多通貨膨脹」的委婉說法。

在此同時，兩黨都沒有要求大家注意一些事實，就是工廠的工資率已經上漲、失業率已然增加、雇用人數已經減少。兩黨也都沒有質疑，只要強有力的工會一直保有伸縮條款合約（也就是工資率要上升得比生活成本快，使得廠商毛利被壓縮，物價也降不下來），更大的通貨膨脹是否真能回復就業？他們唯一提出的補救方式是更多且更長的失業救濟，好讓強大的工會繼續維持不斷往上的工資率。

第35章

赤字與就業

我在上一章指出1930年之後10年，我們有廉價貨幣、僵固無彈性或是不斷上升的工資率、嚴重的政府赤字。結果，在那10年間我們也有大量的失業——直到二次世界大戰爆發，我們終於得以解套。

鑑於今日（在每一次衰退或是停滯期）我們被強烈要求採取在1930年代失敗的解決方案，我們有必要對那段期間做個詳細的了解。那10年間每年的赤字、失業人數、失業占總勞動力的比率，均羅列如下表。

	赤字（十億美元）	失業人數（百萬人）	失業率（%）
1931	0.5	8.0	15.9
1932	2.7	12.1	23.6
1933	2.6	12.8	24.9
1934	3.6	11.3	21.7

	赤字（十億美元）	失業人數（百萬人）	失業率（%）
1935	2.8	10.6	20.1
1936	4.4	9.0	16.9
1937	2.8	7.7	14.3
1938	1.2	10.4	19.0
1939	3.9	9.5	17.2
1940	3.9	8.1	14.6

　　在上表中，赤字是以每年6月底結束的會計年度，失業人數是以月曆年的每月平均。毫無疑問的，灑錢派會努力找出赤字規模與失業人數之間有部分負相關的關係存在；但是核心及確定的事實是，嚴重的赤字與大量失業是一起發生的。如果我們將這些數字與1959年的情況比較，我們發現：1931-1940年平均赤字為28億美元，占那段期間國民生產毛額（GNP）的比重為3.6%；1959年同樣的國民生產毛額比重，赤字將為173億美元。那段期間得平均失業人數為990萬人，為總勞動力的18.6%；同樣的比率在現在將會是1,340萬人失業。這就是以赤字來治療失業問題的效果。

　　本章最後的表格是從1941年到1963年的資料。大家將注意到，在1944年我們的確將失業佔總勞動力的比率降低到只有1.2%的低點。如果這可以歸功於赤字支出，那麼我們

必須注意，這可是花了514億美元的赤字才做到的。考量今天國民生產毛額的增加，這必須要有超過1,450億美元的赤字！（然而，1943年及1945年的赤字大於1944年；但那兩年的失業人數仍然比較多）。

這個表中另一個值得注意的地方是，從1948年到1957年，失業人數佔總勞動力比率平均為4.3%。然而，這段期間是罕見的高就業期間，甚至還發生「勞工短缺」。如果每100個人中有4個人是「正常」失業，那麼「不正常」失業將是比這個數字還高的部分。這樣的失業是嚴重的事，尤其對那些直接受到影響的人來說。但是，很難證明在消除失業的努力當中，不顧後果的赤字支出或是更進一步的稀釋貨幣是正當的行為。在有不正常失業發生的時候，我們可以更有利地看待關鍵工資率與價格及消費者需求之間的關係。

	就業人數（百萬人）	失業人數（百萬人）	失業率（％）
1941	50.4	5.6	9.9
1942	53.8	2.7	4.7
1943	54.5	1.1	1.9
1944	54.0	0.7	1.2
1945	52.8	1.0	1.9
1946	55.3	2.3	3.9

	就業人數（百萬人）	失業人數（百萬人）	失業率（%）
1947	57.8	2.4	3.9
1948	59.1	2.3	3.8
1949	58.4	3.7	5.9
1950	59.7	3.4	5.3
1951	60.8	2.1	3.3
1952	61.0	1.9	3.1
1953	61.9	1.9	2.9
1954	60.9	3.6	5.6
1955	62.9	2.9	4.4
1956	64.7	2.8	4.2
1957	65.0	2.9	4.3
1958	64.0	4.7	6.8
1959	65.6	3.8	5.5
1960	66.7	3.9	5.6
1961	66.8	4.8	6.7
1962	68.0	4.0	5.6
1963	68.8	4.1	5.7

第 36 章

廉價貨幣為何行不通？

已故的凱因斯（John Maynard Keynes, 1883-1946）向來提倡兩項處理失業的對策。一項為赤字支出。另一項是中央銀行以政策製造人為的廉價貨幣。自那時起，幾乎各國政府都汲汲營營地進行凱因斯所提出的這兩項對策。結果是全球性的通貨膨脹及不斷萎縮的貨幣購買力。但是它在治療失業問題上的效果更令人質疑。在上一章，我們討論過預算赤字難以看好的後果。那麼，廉價貨幣是否會有較好的結果呢？

下表顯示的是從 1929 年到 1940 年，四到六個月間到期的優等商業本票平均利率與同年失業率的比較。兩組數據皆來自官方發布的數據。

總而言之，在這 12 年期間低利率並未能消除失業。相反地，在利率走低的那幾年，失業率是增加的。即使在 1934 年到 1940 年這 7 年期間，當廉價貨幣政策使得平均利率低於

1%（正確來說是0.77%），勞動力中平均每100人有超過17人失業。

年	商業本票利率（%）	失業率（%）
1929	5.85	3.2
1930	3.59	8.7
1931	2.64	15.9
1932	2.73	23.6
1933	1.73	24.9
1934	1.02	21.7
1935	0.75	20.1
1936	0.75	16.9
1937	0.94	14.3
1938	0.81	19.0
1939	0.59	17.2
1940	0.56	14.6

讓我們跳過戰爭的那幾年，因為戰爭需求、大幅赤字及大幅通貨膨脹，共同造成了過度就業。我們直接看過去11年的紀錄（請看下一個表）。

請大家注意，雖然商業本票利率在這段期間的平均為2.48%——為1934年到1940年七年期間的平均三倍多——失業率卻未升高，相較於1934-40年的17.7%反而是低得

多，平均只有4.4%。

在這段期間，失業率與利率的關係，幾乎正好與凱因斯理論所說的相反。1949年、1950年及1954年，當商業本票利率平均為1.5%，失業率平均則為5%多。而在1956年、1957年及1959年，當商業本票利率處於這段期間的最高平均水準3.70%，失業人口平均卻只占勞動力的4.4%。

年	商業本票利率（%）	失業率（%）
1949	1.49	5.5
1950	1.45	5.0
1951	2.16	3.0
1952	2.33	2.7
1953	2.52	2.5
1954	1.58	5.0
1955	2.18	4.0
1956	3.31	3.8
1957	3.81	4.3*
1958	2.46	6.8
1959	3.97	5.5

*1957年之前的失業率是根據商業部失業率「舊的定義」；1957年及之後則是根據「新的定義」，使得失業率略微升高——例如，依照新的定義，1956年失業率是4.2%，而不是表中的3.8%。

簡而言之，單靠赤字支出或是廉價貨幣政策都不足以消除長期的大量失業，更遑論要一起防範失業。

　　治療失業唯一的真正良方，正是凱因斯學派及通貨膨脹支持者所反對的——依照邊際勞動生產力或是「均衡」水準（工資與物價的平衡與協調）來調整工資率。當工資率與物價處於均衡狀態，無論利率是「高」或「低」，都會朝向充分就業發展。但是，無論利率被壓到多麼低，如果工資率高到沒有毛利生存的空間，都會發生失業的。

第 37 章

如何控管信用？

　　1958年，聯邦準備當局在10天的時間內，先是示範了控制通貨膨脹的錯誤方式，之後又做了正確的方式。8月4日他們先是將融資保證金成數（marginal requirement）從50%提高到70%（10月16日再度提高到90%）。8月14日准許舊金山聯邦準備銀行將重貼現率從1.75%提高到2%。第一個方式是所謂的「選擇性」信用管制。第二個則是一般性信用管制。第二個方式才是公平且有效的。

　　選擇性信用管制都是政治性的選擇。股票市場是第一個標的，因為那些對股市在美國經濟中所扮演角色及功能不了解的人，總是把它視為一種美化了的賭場。紐約證券交易所董事長凱斯‧方斯頓（G. Keith Funston）1957年10月的演說中說道：「有時候我會懷疑我們的比例感，一個人可以借75%的資金去買車、100%去買洗衣機、94%去買房子，

但是卻只能借30%去買製造車子、洗衣機或房子的公司的股權。我們讓借錢去花用比借錢去儲蓄要容易得多。」

這些對買股保證金的嚴格限制，不但有歧視性，就長期而言，也是徒勞無功的。我們不可能既鼓勵「全面性的」通貨膨脹洪流，然後又希望將通膨的效果圍堵在一個方向。信用就讓水一樣，會尋求水平面，並從每個裂縫流出去。如果一個人決定要買股票，但達不到法定的保證金成數，他可以用房子或其他資產去抵押借貸，投入股票市場。

提高融資保證金成數很少達到預期的效果。當然，也沒有統計顯示如果成數未曾改變，股票市場的信用或股價會變成怎樣。但是提高保證金成數的做法，大多數對於股票市場信用的影響是很有限的。

要證明1958年提高保證金成數是正當的做法，這並非易事。就如方斯頓隨後指出的，1958年6月30日（保證金成數為50%）消費者的債務淨額為31億美元，為當日在紐約證券交易所全部上市公司市值的1.4%，與一個月前或一年前的比率幾乎一樣。

保證金成數提高有時會暫時止住股價再度攀高，但是從來沒能撐超過一兩個月以上。事實上，1945年2月到1955年4月，每次調高保證金成數，之後六個月的平均股價都比調

整前六個月的平均股價高出至少12%。開始施行90%保證的1958年10月的平均股價，標準普爾指數為54.55；隔年的7月，在同樣的保證金成數下，指數平均上升到59.74。

這是我們可以料想到的。人們願意支付的股價，主要決定於那些股票預期能產生的收益，以及那些收益受利率影響後的資本化結果。

然而，提高法定保證金成數從未產生預期的效果，並不表示它們就沒有造成傷害。經過仔細的比較，它們主要的效果在於使交易量降低——有時影響可達25%。這不只是證券商少了手續費收益，還降低了市場的流動性，同時也阻礙了公司以發行股票籌措新資本的意願及能力。

第 38 章

是誰造成通貨膨脹？

　　過去四分之一個世紀美國政府對於支出與經濟，通貨膨脹與貨幣整合，呈現出像精神分裂似的態度。

　　這樣的情形常常反映在總統的年度經濟報告中。1959年1月20日艾森豪總統交給國會的經濟報告即是一個很好的例子。「要達到充滿活力及持續的經濟成長，不可或缺的條件是堅定的信心，相信貨幣的價值在未來幾年會合理的穩定。」但是報告中認可的大部分政策，都有破壞這個信心的傾向。

　　總統在報告中對於有助於「帶來迅速且有效復甦」的政府行動，其敘述為：「積極實施貨幣及信用政策以確保足夠的信用供給。並將制定法律，暫時延長失業福利請領的期間。執行諸多具體行動以刺激營建業活力。聯邦建設計畫正在加快腳步，以執行各種由聯邦財務支援的計畫。在聯邦信用計畫之下，除了住宅方面之外，還有許多協助對抗衰退的

活動。以及加速進行國防採購……發揮擴張效果。」

這些政策的每一項都是擴張性的。全部都是要傾注新增貨幣及信用到經濟體系中，增加美元的供給，降低每一美元的購買力。在報告的後半段，它承認聯邦準備政策使得商業銀行1958年「在他們的資產增加了近100億美元的放貸及投資」，大多數是以「增加他們持有美國政府證券」的方式為之。這導致總貨幣供給（包括膨脹的定期存款）最後增加136億美元，並推升了生活成本。

然而總統報告中對於通貨膨脹的責任，則是模糊帶過，並試圖將之轉移到消費者、企業及勞工身上。勸告「個別消費者」要「購物時小心比價、比品質」——就好像消費者沒人督促就不會小心似的。政府實際上是在告訴消費者：「現在新增了100億，或者更多的美元；但是請不要魯莽不顧後果地花用，因為你將為物價上漲付出代價。」而它告訴企業的是，「你們必須展開對抗成本的無止盡的戰爭。」——說得好像自利及自衛的本能不會這樣做似的。但是它完全沒有提到聯邦勞動法規（包括強制性獨家「議價」）使得雇主完全無法拒絕過度的要求。同時，報告中還督促「工會領袖」（在法律授予其獨占議價權力之後）在這樣的環境條件下，不要過度需索。但這樣一來，這些勞工領袖的位子就坐不久。

總統報告接著宣布：「如果在我們的安排下，工資及物價狀況無法達到我們想要的結果，替代的結果將會是通貨膨脹——這會傷害我們的經濟並使數百萬美國人陷入工作困境，或是管制——這將與我們傳統的生活方式大不相同，並將阻礙國家經濟成長與進步。」總統似乎是在說，是消費者、企業界及勞工領袖因缺乏「自律及克制」造成通貨膨脹，還有他們可能會「迫使」政府進行管制。

　　但是過去和現在的真正罪魁禍首都是政府。政府在指責「我們的自由競爭經濟」造成工資及物價上漲時，必須停止赤字支出、停止用更多的紙鈔淹沒這個國家、停止鼓勵勞工的獨占議價權。

　　也許 1959 年 1 月的經濟報告中最重要的建議是，國會「修改 1946 年就業法案，讓合理的物價穩定成為聯邦經濟政策中一項明確的目標，與現行法案明確指出的生產、就業及購買力最大化等目標並列。」如果要保留有害的 1946 年就業法案，這樣的修改，整體而言可能可以降低其傷害性，因為該法案一直被解讀為通貨膨脹的指令。但是最好的解決之道，是將整個法案廢止。

第39章

通貨膨脹做為一項政策

安德魯・懷特（Andrew D. White）在法國革命期間流通券（fiat money）通貨膨脹的小小歷史片段中，指出當通貨膨脹的邪惡後果變得愈來愈明顯時，要求以更多通貨膨脹來治療的聲浪就愈激烈。今天，在通貨膨脹加劇之際，一些支持者挺身建議，通貨膨脹最終可能是非常好的一件事——或是說，如果它是邪惡的，至少是必要之惡（necessary evil）。

直到最近，這群人的主要發言人一直都是已故的哈佛大學教授桑納・斯利克特（Sumner H. Slichter）。在這裏我想討論他的三項主要錯誤假設：（1）每年2%的「緩慢」通貨膨脹是利多於弊；（2）政府可以計畫每年2%（或是任何固定的百分比）的「緩慢」通貨膨脹；（3）通貨膨脹是達成「充分就業」及「經濟成長」所必須的。

在本書第30章我們已經注意到，即使政府能控制通貨膨

脹在每年2%的程度，這表示每一個世代的美元購買力將會減少一半。這將無可避免地打擊節儉、造成不公正、誤導生產。實際上美國的通貨膨脹一直都比較快。生活成本在過去20年增加超過一倍，以複利計算大約一年4%。

在宣布「緩慢」通貨膨脹計畫的當下，或是大家事先預期到的當下，就會使得通貨膨脹開始跑了。如果放貸的人預期一年物價會上升2%或4%，他們會堅持將這個數字加到利率上，以維持其投資的購買力。如果借錢的人也預期有這樣的物價上漲會發生，他們將願意支付這項加碼。事實上，所有的生意人都將被迫相對提高報酬率以吸引新的投資，即使新的股權資本也是一樣。如果有計畫性的物價上漲存在，工會領袖在他們本來的工資上漲需求上，就會直接加上這個計畫的物價上漲率。投機者及一般的買家會試著預測物價上漲——這些都無可避免地將會加速上漲，超過所計畫的上漲率。通貨膨脹迫使每個人都變成賭徒。

斯利克特論調的包袱在於「物價水準緩慢上升是經濟成長最大化無法避免的成本」——換言之，通貨膨脹是「充分就業」必要的成本。這不是真的。最大「成長」的必要條件，是物價與工資間的適當關係或是協調關係。如果有些工資相對於這個協調關係，漲得太高了，結果就會造成失業。

治療的處方就是改正那些惹出禍端的工資率。想以貨幣型通貨膨脹提升整體物價水準，只會在每個地方創造出新的失調。

簡短地說，如果工資與物價間的協調關係真的存在，通貨膨脹就是非必要的；而如果工資與物價間的協調關係並不存在——如果工資超過物價和生產——通貨膨脹不但無效，還更糟。

斯利克特假設除非「解散」工會，否則無法約束工會過分的要求。然而我們所需要的，只是廢止1932年以來所給予工會領袖的特別豁免權及特權而已，尤其是在諾瑞斯—拉瓜地亞（Norris–La Guardia）及華格納—塔夫特—哈特利（Wagner-Taft-Hartley）法案中的授權。如果雇主不被法律強迫要與特定的工會「協商」（實務上是讓步妥協），無論工會的要求多麼不合理，如果雇主可以自由解除罷工者的職務，並和平地僱用取代者，如果能真的禁止集體糾察（mass picketing，工會罷工時的糾察）及暴力，正常競爭會抑制過度的工資要求，這樣的機制就能再度發揮作用。

第40章

公開的陰謀

　　1928年威爾斯（H. G. Wells）出版了一本宣傳小小說，名為〈公開的陰謀〉（The Open Conspiracy）。雖然我當時讀過，但我現在已經忘了那個公開的陰謀所指為何了。不過這個用詞似乎很符合現今美國正在發生的某件事：我們的政治人物以及大多數的評論家，似乎都涉入了一件公開的陰謀──不支付國家債務──當然不是以借錢當時同樣購買力的金額支付，且顯然也不以目前購買力的金額支付。

　　當然，這樣的意圖並沒有公開宣布。這個陰謀，是沉默的陰謀。非常少人曾經提過要大幅減少國家債務的問題。大多數的人，即使是保守派，也只敢要求赤字不要繼續增加，以避免債務繼續增加、債務上限不斷提高。但是認真想要償付國家債務的人，都應該要主張每年編列大筆的預算來支付債務。

現今我們沒有看到或聽到有人嚴肅地討論這個問題。我們看到數百則文章，聽到數百次演說，都告訴我們如何或是應該要和GNP成長同比例地增加聯邦支出或聯邦稅收。但是至今我還沒看到任何一篇文章，討論我們如何開始及與GNP成長同比例地增加每年償還債務的金額。

　　當我們檢視這個問題現有的規模後，就不難理解大家為何絕口不提這問題了。如果有人提議每年以10億美元的速度清償債務，他所面對的事實是，要花289年，將近三個世紀，才能還清債務。然而每年10億美元在目前而言，可不是小數目。一次世界大戰後共和黨政府在1919年到1930年間，確曾維持每年以類似這樣的速度穩定降低國債；但是他們為了這樣的「通貨緊縮」政策，不斷遭受攻擊。因為這種對通貨緊縮的恐懼，現在沒人敢再提出更快的償債速度。

　　我們懷疑，許多感受到這個問題嚴重性的政治人物及評論家，內心深處都有個不可宣說的信念或希望——那就是持續不斷的通貨膨脹。因為貨幣價值不斷縮水，相對於國民所得而言，債務的實質負擔將會縮小，因此可將問題降低到「可管理的規模」。這樣的政策說出來會被政客憤怒地否認。但是這正是我們毫無節制支出會有的後果。20年前的債務，我們現在所支付的利息和本金只相當於當年的48%而已。以

今天購買力不到20年前的一半的錢來償付債務，我們的政治人物是希望用這樣的方式來誆騙政府的債務人嗎？

這樣的把戲，已有長久且不名譽的歷史。我希望大家能原諒我在此重複第31章中已經引述過的亞當‧斯密1776年《國富論》中所說：「當國家債務一旦累積到某個程度，我相信很少會公正且完全償還。公共收入的釋出，如果曾經發生過的話，也必是因為破產而釋出，有時是坦然公開的破產，常常雖是表面上有償付〔意即，以膨脹後或是貶值後的貨幣單位支付〕，實質上卻是破產。……這個政府的信譽鐵定是非常差，假如它為了掩蓋實質破產的恥辱，求助於這類欺騙的花招，這麼容易被看穿，同時又這麼極端邪惡。」

再說一次，我們的政府不是被迫訴諸這種「欺騙的花招」。現在面對責任為時不晚，採行長期計畫，至少以目前48%的美元可以清償債務人，且不會讓我們陷入更深的通貨膨脹或通貨緊縮之中。

第41章

工資—價格螺旋是怎麼個轉法？

多年來我們一直在談論通貨膨脹的工資—價格螺旋（wage-price spiral）。但是華盛頓（此處所指包括國會的多數人及行政部門的官員）談到此事，大多數時候就好像這是恐怖的外力入侵、不可抗力的自然災難，而不是政策造成的事件。

我們來看看過去25年政策如何造就工資—價格螺旋。首先，從最著名的1932年諾瑞斯—拉瓜地亞法案（Norris-La Guardia Act）開始，接著是華格納法案（Wagner Act），以及後續的修正法案塔夫特—哈特利法案（Taft-Hartley Act），在這一系列的法案之下，我們認定勞工問題的發展主要是因為工會化程度不夠，以及工會不夠強勢。

因此，我們將聯邦政府拉進工會組織事務中。我們強迫雇主只能與半官方設立的工會打交道，不管這些工會的要求

會變得多無理。雖然拒絕僱用加入工會的勞工已被認定是違法的，但是，我們竟然將拒絕僱用非工會成員的協定，明確認定是合法的。

但是最糟的是，我們賦予工會及工會成員一項特權（沒有其他團體或個人享有這項特權），那就是私下高壓強迫及恫嚇的權力。諾瑞斯—拉瓜地亞法案使得雇主或非工會員工無法到聯邦法庭為不可回復的損失求取立即救濟。違反其他領域法律實務的是，我們不肯讓工會為其代表的作為負起責任。我們容忍集體糾察，那是高壓強迫及恫嚇的作為，以防雇主將罷工者丟下的工作交給其他工人做，並防止其他工人這麼做。然後，在看到這些特權被濫用來對抗我們未提供有效法律保護的地方時，我們是如此震驚和憤怒。

這些法律不可避免的後果，就是我們已建立了龐大的工會，而他們還握有讓全國基礎工業在一夕之間停擺的權力。而且當他們真的採取行動時，我們只能對發起罷工的工會領導人的訴求讓步，才可能讓產業再啟動，除此之外無計可施。

這說明了貨幣工資率的向上推升。但是這未能說明通貨膨脹的螺旋。將工資率推升到高過邊際勞動生產力水準，其效果本身只會造成失業。但是就如海耶克（F. A. Hayek）所

述：「由於大家普遍接受的信條是，貨幣管理當局要負責提供足夠的信用以確保充分就業（無論工資水準為何），實際上這已經是法律明文規定為貨幣管理當局的責任，工會推升貨幣工資的權力只會導致不斷的、逐漸升高的通貨膨脹。」

　　遲早，我們的聯邦立法者及行政者，必須勇敢面對他們自己的法令及行為所創造出的勞工—工會—工會領袖專政以及工資—價格螺旋。但是每次有危機發生時，他們都拒絕面對真相。例如，當全國性的鋼鐵業大罷工延長了，他們就變得恐慌。他們尋求解決之道，以他們認為唯一可能的手段——再一次向工會的訴求投降，給予另一次的工資調漲，及啟動新的工資—價格向上螺旋。

　　政治人物要求總統指定一個「真相」小組提出「建言」，也就是說，實際上是強制仲裁，迫使雇主給予員工另一次的工資調漲。因此，一次的政府干預引發更多的政府干預。因為政府沒做好其基本的任務（防範私部門的高壓強迫），政治人物於是要求物價及工資管制，而我們就被迫走向集權主義的統治。

第42章

通貨膨脹與道德問題

　　通貨膨脹不會同時且平等地影響到每個人。它會從一個特定的點開始，對特定的群體開始。當政府讓更多的貨幣在經濟體系內流通，可能是以支付國防合約商的方式，或是增加對農民的補貼，或是增加對特殊團體的社會保險福利。收到這些錢的人，他們的所得會先增加。那些先開始花錢的人，是以舊的物價水準來購買。但是他們額外的購買則開始迫使物價上漲。那些貨幣所得還沒增加的人，則被迫以比過去高的價格購買──他們所得的購買力因此就降低了。最後，透過經濟力量的運作，他們的貨幣所得有可能會增加。但是如果這些所得增加的幅度，小於他們所購買物資的平均價格的漲幅，或是所得比較晚才增加，那他們將無法完全彌補因通貨膨脹所造成的損失。

　　簡而言之，通貨膨脹本質上涉及實質所得（real income）

的重分配。那些從通貨膨脹中獲利的人，必定會犧牲掉其他人。通貨膨脹過程中的總損失會抵銷掉總獲利。這創造了階層或是群體的分化，通貨膨脹的受害者怨恨那些通貨膨脹的受益者，甚至在通貨膨脹中受益較少的人也會嫉妒受益較大的人。大家逐漸體認到，在通貨膨脹過程中進行的新的所得及財富重分配，並非美德、努力或是多產的結果，而是運氣、投機或是政治優惠的結果。就是德國1923年的驚人通貨膨脹，種下了納粹的種子。

通貨膨脹常會使因它而獲利的人道德沉淪，甚於因它而有損失的人。獲利的人對於「不勞所增利益」變得習慣。他們會要維持這種相對獲利。那些從投機賺到錢的人，寧願繼續用這種方式賺錢而不想去努力工作。我記得在1929年初期，有一次和兩位朋友談話，他們兩人都在書評界擁有顯赫職位，但也涉入股市極深。談話中，他們互相交換獲利經驗，他們一致認為「今日上班所得的薪水只是小費而已」。人們不會喜歡整天工作只是為了賺取小費。通貨膨脹長期發展下來，社會的趨勢是工作及生產減少，而投機與賭博增加。

從通貨膨脹中獲利的人花起錢來比較沒有節制、輕浮、炫耀。這樣會增加那些獲利較少的人的憤恨。而正常的儲

蓄，像是儲蓄存款、保險、債券或其他固定收益方式，將逐漸消失。能快速且容易得到報酬的情景，會增長貪腐與犯罪的誘惑。

通貨膨脹不光是助長一個國家的賭博精神、貪腐及不誠實。通貨膨脹本身就是政府所做出的不道德行為。當現代政府直接或間接地以增加紙幣供給的方式膨脹時，在原則上就和過去的國王縮小硬幣的做法是相同的。以紙鈔稀釋貨幣供給，在道德上就等同以水稀釋牛奶供給。儘管政府使勁全力假裝通貨膨脹是像外力入侵那樣，其實通貨膨脹正是蓄意的政府政策所造成的。

1776年亞當‧斯密（Adam Smith）的《國富論》（*The Wealth of Nations*）已經確認了這一點。雖然我在前面的章節已引用過這段話，但在此值得再次引述：「當國家債務一旦累積到某個程度，我相信很少會公正且完全償還。公共收入的釋出，如果曾經發生過的話，也必是因為破產而釋出，有時是坦然公開的破產，常常雖是表面上有償付，實質上卻是破產。」

表面上的償付就是通貨膨脹。今天美國政府以貶到剩48美分的美元支付1940年所欠下的債務。亞當‧斯密說道：「如果為了遮掩實質破產的恥辱，求助於這類欺騙的花招，

這麼容易被看穿，同時又是這麼極端邪惡，那政府的信譽鐵定是非常差了。」

第43章

如何打敗通貨膨脹？

　　我不時會收到讀者的來信，問要怎麼做才能免於通貨膨脹對他們儲蓄造成的侵蝕。許多投資顧問所做的小冊子會告訴人們應該要怎麼做。不斷有人建議發行一種政府債券或其他證券，這類有價證券的利息支付或是到期贖回價格，會與生活成本上升以相同的比例成長。另外還提出許多其他計畫以對抗通貨膨脹的壞影響。

　　這些建議和計畫間接地都提醒人們注意通貨膨脹最壞的後果。它持續不斷地使美元儲蓄、儲蓄銀行存款、債券、房屋貸款、保險收益、退休金、及每一種固定收益的價值減少。因而懲罰和阻礙了節省和儲蓄的行為、阻礙「較安全」及較保守的投資、迫使每個人變成投機客或賭徒。因為在通貨膨脹的過程中，一個人如果將他的錢放在儲蓄銀行或房屋貸款或是固定利息的有價證券上，他面臨的是實質購買力的

損失。

是否可以設計出能抵銷這類效果的計畫？工資合約中的「伸縮條款」（escalator clauses）即是想要為工會勞工做到這點。常常有人提議私人企業或政府自己應該發行一種債券，其利息支付及到期價值，會隨著官方的消費者物價指數呈同比例增加。

但是反對這種計畫的理由是很嚴肅的。借錢的人（發債的一方），無論是私人公司或是政府，都將承擔一個未知程度的責任。他們無法確保自己的所得（尤其如果將來通貨膨脹變得很嚴重的話）是否會隨著生活成本同比例上升（或換個方式來說，與美元價值下跌速度成反比）。這樣的「伸縮」債券，就像伸縮工資合約，會使得無意停止通貨膨脹肆虐的人數增加。

提出這些計畫的人顯然不了解通貨膨脹要對某一個群體的人有利，就必須犧牲其他群體的利益。你希望你所販售的商品價格，要比你所購買的商品平均價格上漲得多而且快，就必須是其他人所賣給你的商品價格，比他們向你購買的商品價格上漲得少而且慢。通貨膨脹的任何實質淨獲利，必定會被等量的實質損失抵銷掉。粗略地說，一半的人口要從通貨膨脹獲利，就必須犧牲另一半的人口。通貨膨脹在政治上

的吸引力，來自於培養大多數選民的幻覺，讓他們以為在這場騙局中會是贏家，可以犧牲其他不特定的受害人而獲得利益。

如果可以設計出一項計畫，使得從通貨膨脹中的獲利完全等於損失，因此沒有人可以自通貨膨脹中獲利或受害，那麼所有支持通貨膨脹的論調將會瓦解。因為通貨膨脹並非無中生有，它是政策的結果。它是出自於政府能完全控制的東西——貨幣及銀行信用的供給。通貨膨脹能夠開始或能繼續，都是因為人們相信它能夠以貸放的人為犧牲，嘉惠借錢的人，或是以進口商為犧牲，嘉惠出口商，或是以雇主為犧牲，嘉惠勞工，或是以城市居民為犧牲，嘉惠農民，或是以年輕人為犧牲，嘉惠老年人，或是以下一代為犧牲，嘉惠這一代的人。但是可以確定的是，沒有辦法每個人都犧牲其他人，而變成有錢人。紙鈔無法創造奇蹟。

機警的個人的確可以做某些事，來防範通貨膨脹對其貨幣價值的侵蝕效果——但是這有個前提假設，就是他的行動要比大多數的人要來得快而且明智。

即使這樣，在過去這麼做也比現在要來得容易。例如，德國的通貨膨脹在1923年達到高點，一個德國人可以在拿到其每月、每週或每日所得時，扣除眼前需用的部分之後，以

當時的匯率購買美元。但是到了德國國內物價上漲速度比美元上漲的速度慢的時候（或更精確地說，當德國馬克的外部價值下跌的速度快過其內部價值時），購買美元對全體德國人而言，就證明了是不恰當的「避險」。在大家蜂擁搶購外國貨幣造成馬克的外部價值下貶得更快時（因此到最後，必須花數兆馬克才能買到一塊錢美元），對晚到的人而言，這樣的操作是沒有利潤的。

今天，美國人在防止美元進一步貶值造成損失時，並沒有安全的主要外國貨幣可供避險。法律禁止美國人購買及在家中持有黃金（美國貨幣當局在此笨拙地招認了人民喜歡黃金甚於美鈔，如果可以他們會選擇持有黃金）。如果他們向國外購買黃金，根據1933年的判例，有可能會面對政府以裁定的價值，強迫他們將持有的黃金轉換為美鈔。

因此，在實務上，人民剩下的選擇就是買房地產、股票、貂皮大衣、汽車、電視機、波斯地毯和珠寶了——就是除了美元現鈔與以美元支付固定收益的資產以外的任何資產或奢侈品。簡而言之，他們被迫投身奢華與投機。

當然，一個非專業的投機者，會尋求投資信託或基金，以分散投資，並在某種程度內避免因自身專業知識不足造成的損害。但是，還是一樣的，先買的或是以較低價格購買的

個人，能夠獲利或是保障其財富，必須犧牲那些晚進場的，或是買在高點的人。

簡單說，要讓每一個人都不受通貨膨脹之害，是不可能的。先採取行動的少數人能夠做到這一點，必是以大多數人為犧牲，或是先買的人以後買的人為犧牲。在將現金換成實物的混亂中，只會增加並加速物價的上升或是貨幣的貶值。

個人嘗試保護自己免受通膨之害，無論是以個人行動，或是透過團體行動像是伸縮工資條款或伸縮債券條款，最終必將導致上述的結局。甚至這類計畫的計算都是不利於他們的。價格或是工資不會齊一地上漲。假設有些工資和價格一點都沒漲，其他的上漲100%。平均的上漲率假設是50%。假設生活成本伸縮條款普遍被採用，工資或物價上漲不足50%的，被提高到平均漲幅。如此一來，將會提高平均上漲率本身。可能現在平均上漲率就變成75%了。如果物價或工資上漲率不到此數的，再提高到75%，則平均上漲率會再度被推高到假設是85%，以此類推。要中止這個過程，必須要貨幣當局拒絕供應後續上漲所需的新增貨幣及信用。

只有一個解決方案——只有一個可靠的避險方式可以保護每一個人抵禦通貨膨脹：不要有通貨膨脹。如果有通貨膨脹發生，盡快停止它。

第44章

通貨膨脹入門

　　假設奇蹟發生了，所有美國人有一天早上醒來，發現其口袋和銀行戶頭裏的錢，比前一晚多出了三倍。每個家庭將會因此急著衝出去，買先前盼望已久但是沒買的東西。第一個抵達的人可能可以用舊價格買到東西，但是晚到的人將會彼此競爭，因而將價格喊高了。商人發現存貨減少，就會向製造商訂貨，因而提高了批發價格。製造商及其他的生產商因為生意愈做愈大，就會增加僱用人力。這將會迫使工資提高。最後將會造成價格與工資繞著這個循環上升。

　　當然這樣的狀況是極度的簡化，但是它敘述的狀況是真的發生在美國，不是一夕之間，而是過去大約20年間發生的事。在1939年底，在銀行體系之外流通的通貨有64億美元，而可以用支票提領（這是「貨幣供給」的主要部分，是美國人用來做生意的方式）的銀行存款總數為298億美元。

這使得貨幣供給總額達到360餘億美元。到了1963年底，貨幣供給已成長為4倍多——1530億美元。

這些大幅增加的貨幣供給競逐商品，造成躉售物價在1963年底較1939年底成長了138%。以消費者支付的零售價格所計算的生活成本，在同一段期間則上漲了122%。換言之，美元的購買力下跌了，和1939年相比剩不到一半。

當我們在思考貨幣供給增加的程度時，很驚訝地發現物價並未進一步上升。其中一項因素是在那段期間裏，產品的供給也增加了。1963年底工業生產較1939年增加了233%。當貨幣供給成長為4倍，工業產品產出也成長到3倍多。

現在讓我們看看通貨膨脹（inflation）是什麼、做了什麼、以及持續下去對我們的意義。

「通貨膨脹」不是一個科學名詞，大家使用這名詞時非常地不嚴謹，不只我們大多數人在平常交談時如此，即使許多專業的經濟學家也是如此。使用這名詞時，至少有四種不同的意義：

1. 貨幣（及信用）供給任何程度的增加。

2. 貨幣供給增加的速度快過財貨供給的增加。

3. 平均價格水準的增加。

4. 任何的景氣繁榮或景氣好轉。

在此我們採用可以被廣泛了解的意義，同時也是在知識上最不容易混淆的意義。對我而言似乎就是第2個意義了。

通貨膨脹就是，貨幣供給增加的速度快過財貨（goods）供給的增加。

這個意義有一些技術上的缺點（說明請見第23章），但是其他三種意義則有更嚴重的缺點。例如：第1個意義雖然精確，但是卻違反所有的普遍性用法。第3及第4個意義，雖然符合普遍性用法，但是會造成嚴重的混淆，稍後將說明。

貨幣供給的增加一旦快過財貨供給的增加，物價就會上漲。這是在實務上無可避免的。任何東西數量增加，其每單位的價值就會下跌。如果今年的小麥收成是去年的兩倍，每蒲式耳（譯注：約35公升）小麥的價格與去年相比就會大幅下降。相似地，貨幣供給增加愈多，每單位貨幣的購買力就會下降愈多。例如，英國1937年到1957年底，貨幣供給增加了226%，而生活成本增加了166%。法國1937年到1957年底，貨幣供給增加約36倍，同一期間，生活成本上升了約26倍。

物價的上升，只是通貨膨脹的結果，卻常常被認為其本身就是通貨膨脹。這個錯誤的認知，導致許多人忽略了通貨

膨脹真正的肇因——貨幣供給的增加——而認為政府施以物價及工資管制就可以停止通貨膨脹，即使同時貨幣供給還在繼續增加。然而，在這樣的條件下，政府的物價及工資管制只會遏阻、扭曲及干擾生產活動，對通貨膨脹則沒有療效。

有時候大家認為「戰爭」要為所有的通貨膨脹負責。但是，目前在法國、義大利、英國及美國的通貨膨脹，很大一部分是第二次世界大戰結束後發生的。例如美國的生活成本自1945年後上漲了63%。而通貨膨脹最可觀的一些國家，受戰爭的影響相對小。在1950到1959年底之間，智利的貨幣供給增加了19倍，生活成本增加了20倍。玻利維亞在1950年到1959年之間貨幣供給增加70倍，生活成本增加100倍。類似的紀錄可以在其他許多國家看到。

由此可見，貨幣供給增加與物價上漲之間的關聯，是極為密切的。在過去和現在，所有大型的通貨膨脹，主要都是政府部門魯莽的赤字支出造成的，它們想要花的錢遠多過它們有勇氣或能力以租稅收到的。收支之間的差距則以印製紙鈔的方式來支應。

大多數現在的政府都恥於直接印鈔票來支付支出，因此他們發展出比較複雜、迂迴的方式來做這件事。很典型的做法是「販賣」有利息的政府債券給中央銀行。央行再以政府

債券的面額創造「存款」，政府就從這個「存款」中提取支票。但是這些最後全都會產生和直接印製新鈔相同的結果。

然而，我們常常被告知，美國今天面對的是「新種」的通貨膨脹，是工會不斷強迫工資調升所造成的。這個主張有其政治真實性，但在經濟上是誤導的。

假設工會能夠迫使工資率上升，但是貨幣和銀行信用的管理能做到不使貨幣供給總量增加。那麼，工資率愈提高，將擠壓掉廠商的獲利率，或是會迫使製造商提高價格以維持獲利率。如果較高的工資率削減了雇主的利潤，就會直接造成失業。如果高工資迫使價格上升了，且如果消費者能花用的錢沒有比以前多，消費者就會少買商品。結果銷售量減少，因而生產就會減少，就業也會減少。

簡而言之，工資率上升但沒有貨幣供給的增加來補償的話，將只會造成失業。但是很少政府有勇氣緊守貨幣供給，去承受失業後果的譴責。他們寧願嘗試以不斷增加的貨幣供給，去支應不斷升高的工資率。這樣的方式，使得工資率的上升已經「政治性地」延長了許多通貨膨脹。

但是有超過一個以上的理由能夠說明，為何大家對通貨

膨脹儘管口頭上講得義憤填膺，我們大多數人卻長期容忍，同時特殊壓力團體也主動支持。

這些理由中的第一個是「貨幣幻覺」（money illusion）。我們太習慣於以純粹的貨幣單位，來衡量我們的所得及經濟福利，而無法打破這個習慣。自1939年以來，美國的生活成本已經增加一倍多了。這表示一個人的稅後所得在1939年為5,000美元，現在為10,000美元，但若以他的所得能夠買到的東西來算，其實他現在並不比1939年時富有。

事實上，他絕對是比較窮了。「全國工業大會理事會」（National Industrial Conference Board）的一項研究顯示，考慮物價的升高以及最近幾年較高所得稅的影響，一個人在1960年需要有12,307美元的總所得，才能與1939年的5,000美元享有同樣的購買力。如果他的所得稅級距有升高的話，他的總所得甚至要更多才行。在1960年要有26,030美元的總所得才能給他與1939年10,000美元相同的購買力；77,415美元的總所得才能有與1939年25,000美元相同的購買力。

若是一個人的稅後美元所得僅從1939年的5,000元上升到今天的7,500元，那絕對是變窮了。然而貨幣幻覺是如此強力且持久，使得以實質購買力計算是變窮的數百萬人，因為他們的美元所得提高了許多，而想像自己是變富有了。

貨幣幻覺常常伴隨著另一種幻覺，我們可以稱為特殊案例幻覺（special-case illusion）。那是一種信念，認為自己的貨幣所得在過去5年、10年或20年會上升，是因為我個人一直非常幸運或是非常有才華，而我必須支付的價格一直上升只是因為「通貨膨脹」。然而，直到我明白正是通貨膨脹的力量推升其他人所賣的東西（包括勞務服務）的價格，也同樣推升我個人所賣的東西的價格，我才真正了解通貨膨脹是怎麼一回事。從另一面來看這件事，提高我自己所得的那股力量，也同樣提升了其他人的所得。

　　然而特殊案例幻覺並非完全是幻覺。此處我們可以看出通貨膨脹背後政治壓力的主要原因。本章一開始我們想像會發生通貨膨脹，是因為每個家庭同時發生奇蹟，一夕之間發現貨幣供給變成4倍。當然，在真實世界中沒有這樣的奇蹟發生，沒有實際的通貨膨脹是因每個人的貨幣供給或貨幣所得同時或成比例的增加。相反地，每一次的通貨膨脹對不同的人和不同的產品價格，所造成的影響都是不相等且在不同的時間。

　　例如，典型的戰時通貨膨脹，是發生在政府使用新創造的貨幣去支付軍事採購的合約商。首先，軍備合約商的利潤增加，再來，他們僱用更多工人，並提高工資以便獲得及留

住更多工人。再來，提供軍備公司老闆及員工商品及服務的商人，他們的銷售量就會增加。以此類推，關聯圈就擴大了。

同樣的方式，以公共投資刺激景氣的通貨膨脹（"pump-priming" inflation）中，許多公共工程計畫或住宅計畫，第一受惠的團體是營造公司，第二是營造工人，第三是直接提供營造工人商品及服務的商人等等，以此類推。

通貨膨脹總是使某些群體的受益比其他群體來得早又多。在大多數的情況下，它是以其他群體為犧牲來嘉惠這些先受益的群體。

我們以非常簡化的方式來說明，假設全部人口中有一半的人，其貨幣所得及其所生產的商品或勞務的價格都上漲了一倍，而其他另一半的人口，則維持不變的貨幣所得，同時其商品勞務的價格也維持不變。前面一半的人口所得到的平均價格會從 100 上升到 200。後面一半的人口所得到的則維持 100。這表示所有商品的平均價格現在會是 150，或是說比以前上漲了 50%。因而，前面一半的人口會比以前富有三分之一，但是不到兩倍，即使其貨幣所得已經加倍了。後面一半的人口，雖然貨幣所得維持不變，但只能買到過去三分之二的商品與勞務。

當然，在任何實際的通貨膨脹情況下，相對受益與受害不會這麼整齊地在全人口中分為只有兩半；他們會因每個群體而有不同，甚至在某個程度上，因每個家庭而有不同。然而，通貨膨脹中受害的人數真的有可能與受益的人數相當，只是貨幣幻覺讓許多受害人渾然不覺。

　　在通貨膨脹進行的過程中，總是有人可以相對受益，即使他們是犧牲了其他所有的人。這個事實有助於維持政治壓力以延長通貨膨脹。

　　通貨膨脹中的受害人，如果能夠知道自己是受害人且大聲說出來，將可以抵銷掉通貨膨脹中暫時獲利者在政治上的力量。

　　誰是通貨膨脹中的受害人呢？通常會是那些儲蓄銀行的存戶、政府債券的持有人、年長的退休人士或是靠固定年金過活的鰥寡、保險保戶、教師及類似的白領勞工。通貨膨脹受害人的確包含這些人，但不止於此，還有許多其他人。

　　你個人是否曾自通貨膨脹中得到好處，或者你也是受害人？

　　這裏有個簡單的方法可以發現你是屬於哪個群體。在下面的表格中，第二欄根據的是美國政府的消費者物價指數。為了計算簡單化，這個數字已轉化為將 1939 年做為

基期100。第三欄是根據政府每年對每人「可支配所得」
（disposable income，即減掉扣繳稅款之後的所得）所作的估
計。這也同樣以1939年為基期100。

　　首先你要找出的是，比起前一年，你是否「絕對地」變
富有了。選擇表中的任何一年，將你拿回家的收入數字寫下
來，加上兩個零，再除以那一年的生活成本。然後以你現在
拿回家的收入，加上兩個零，再除以該欄的最後一個數字。

年	1939年平均=100	
	生活成本*	每人所得**
1939	100	100
1944	127	197
1945	130	200
1946	140	209
1947	161	218
1948	173	238
1949	171	234
1950	173	253
1951	187	272
1952	191	281
1953	193	291
1954	193	291
1955	193	304

1956	196	318
1957	202	326
1958	208	339
1959	210	352
1960	213	361
1961	215	369
1962	218	384
1963	220	396

*來源：美國政府消費者物價指數，自1957-59年基期轉換而得。

**來源：美國政府所估計之每人可支配個人所得。1964年1月總統經濟報告第227頁，轉換為以1939年為基期。

　　如果你按這個方法重新計算過後的現在所得，大於你去年重新計算過後的所得，那麼你的實質所得是增加的。否則你就是有損失。

　　在此舉例說明：1963年你拿回家的收入假設是一年5,000美元，在1939年為2,500美元。你將1939年的所得乘以100再除以100，你得到的是相同的數字，2,500美元。但是如果你將1963年的所得乘以100，再除以220，這會使你在1963年只剩下2,272美元的「實質」所得（也就是以1939年的幣值來看）。因此，以能購買的東西來看，你現在的所得就是低於1939年的所得。

假設現在你有興趣了解的，除了以能購買的東西來看，你是否比以前的某一年變窮或是變富，你還想了解，在同一段時間內，你比起美國人的平均，是做得比較好還是比較差。在一個進步的經濟體中，當資本投資增加、機械及技術改善，不只是總生產、總實質所得會每年增加，每人平均生產及每人實質所得，也都會每年增加。但是，有些人的所得就是比其他人增加很多。部分原因，無論是能力或是好運，是因為他們現在比以前居於更好的位子，但是也可能是因為通貨膨脹典型地就是會嘉惠一些群體，以其他群體為犧牲。你將會注意到，除非你的貨幣所得在過去20年增加得夠多，超過那段期間生活成本的增加，否則你不會成比例地分享到美國實質產出的增加。

如果你希望更深入了解，相對於其他人你過得如何，你可以用第三欄的數字像第二欄一樣做重新計算。然而，在這項重新計算中，你必須考慮更多的因素（像是全家所得、稅後、做比較那幾年家中人口數等等）。無論比較的結果為何，到底有多少可以歸責於通貨膨脹所造成的，在沒有每個個案詳細資訊的情形下，是不可能斷言的。但是許多認為自己是通貨膨脹中特殊受益人的人，可能在做了這類計算後，他的認知會有大幅度的修正。

為何通貨膨脹有這麼強大的政治吸引力，我們必須看看所有理由中最強烈的一項：通貨膨脹是維持「充分就業」所必需的。

　　在某些特殊條件下，通貨膨脹確實可以有這個效果。在景氣好轉之後，如果因一些錯誤的調整，導致需求及物價崩潰，而工會領袖們又拒絕接受工資作補償性的調降，此時當然會產生失業。在這類案例中，新的通貨膨脹有可能提高貨幣購買力，使得在舊的價格水準可以買到舊的數量，而在舊的貨幣工資水準下，可能會回復到原先的就業水準。

　　但是，只要強勢的工會能夠接受必要的工資削減，就有可能回復到充分就業。這將不會涉及實質的犧牲問題，因為當物價崩潰，工資雖然減少，但只要能維持和過去相同的相對實質工資（也就是以實質購買力計算的工資）就可以。

　　在這樣的條件下要回復充分就業，並沒有必要施行一般性或是一致性的工資降低。只有那些失去平衡以及造成經濟內長期阻塞的工資需要做調降。

　　除此之外，即使我們注入更多的貨幣性通貨膨脹，若工會要求工資率要永遠跑在物價之前，那麼，我們確定會有通貨膨脹及較高的物價，但是我們將無法治好失業問題。

如果我們不斷新增貨幣性通貨膨脹來解決問題，最後的結果會如何？物價確定會更進一步上漲，但是這樣的物價上漲將無法保證能回復充分就業。正如我們已經知道的，充分就業決定於全面性平衡的經濟情勢，尤其是物價與工資間適當的關係。

　　嚴重或是長期的通貨膨脹總有失控的危險。有些人天真地認為我們的貨幣管理者或是任何其他團體，知道有公式可以維持預設的「緩慢通貨膨脹」（物價以每年2%或3%上升），這些人是完完全全弄錯了。雖然要精確控制貨幣及信用供給不是極為困難的事，但也無法確保每年特定比例的貨幣供給擴張可以只造成每年比例性的物價上漲。相反地，一旦人們知道有這種計畫性通貨膨脹的存在，就會損害到人們對貨幣價值的信心，會立刻造成競相飆高的通貨膨脹，如脫韁野馬，失去控制。

　　任何通貨膨脹一旦超越了關鍵點（事先是無法得知的），所帶來的社會損失及罪惡，鐵定會抵銷或超越任何最初的利益。最後，債券或是儲蓄存款的持有人會察覺他們儲蓄的資本價值，以可購買的東西計算，是一直在縮水的。這樣的醒悟會阻礙節儉及儲蓄。整個生產架構將會被扭曲。通貨膨脹扭曲了帳簿，欺騙了生意人及企業。他們的存貨利潤是幻

覺，他們折舊的扣抵不恰當，企業經理人無法得知他們帳面上的利潤到底真實到什麼程度。但是這些利潤在帳面上卻常常看起來愈來愈大。他們招來「謀取暴利」（profiteering）的指控。煽動人心的人用這些來點燃對企業的仇恨之火。

通貨膨脹使一些人以投機和意外之財的方式致富，而不是以勤奮工作致富。它獎賞賭博行為，懲罰節省的人。它隱藏並鼓勵浪費及生產的不效率。最後的趨向是使整個社會道德墮落。它鼓勵投機、賭博、揮霍、奢侈、嫉妒、仇恨、不滿足、貪腐、罪惡，並傾向更多的干預，最後可能演變成獨裁政治。

通貨膨脹會持續多久？會到什麼程度？

沒有人對這類問題有確定的答案。答案在美國人民的手中。然而，通貨膨脹不是必要的，也不是無法避免的。一切端賴我們在混亂與穩定之間做抉擇。

國家圖書館出版品預行編目（CIP）資料

通膨、美元、貨幣的一課經濟學：對總體經濟的
影響／亨利·赫茲利特（Henry Hazlitt）著；
高翠霜譯. -- 二版. -- 臺北市：經濟新潮社：
英屬蓋曼群島商家庭傳媒股份有限公司城邦分
公司發行, 2022.10
面；　公分. --（經濟趨勢；34）
譯自：What you should know about inflation
ISBN 978-626-7195-03-1（平裝）

1. CST: 通貨膨脹　2. CST: 美國

561.17　　　　　　　　　　　　111015357